三销系统

促销、倍销、狂销方案策划及实施

杨智乔 著

SALE

中国青年出版社

侵权举报电话

全国"扫黄打非"工作小组办公室　　　　中国青年出版社
010-65233456　65212870　　　　　　010-50856057
http://www.shdf.gov.cn　　　　　　　　E-mail:bianwu@cypmedia.com

图书在版编目（CIP）数据

三销系统：促销、倍销、狂销方案策划及实施 / 杨智乔著. —北京：中国青年出版社，2018.10

ISBN 978-7-5153-5329-6

I.①三… Ⅱ.①杨… Ⅲ.①市场营销学 Ⅳ.① F713.50

中国版本图书馆 CIP 数据核字（2018）第 227044 号

三销系统：促销、倍销、狂销方案策划及实施

杨智乔 / 著

出版发行　中国青年出版社

地　　址：北京市东四十二条 21 号

邮政编码：100708

责任编辑：刘稚清

封面制作：闻江文化

印　　刷：天津中印联印务有限公司

开　　本：710×1000　1/16

印　　张：14.5

版　　次：2019 年 3 月北京第 1 版

印　　次：2019 年 3 月第 1 次印刷

书　　号：ISNB 978-7-5153-5329-6

定　　价：48.00 元

营销人员都会面临一个最大的问题：产品不好卖。很多老板会发出这样的感慨：我的产品是精心研发，质量一流，价格也很合理；包装高大上，印刷很精美；广告也做足了功课。试销、试用反馈的意见很好，经销商很有信心，销售团队的绩效考核设计也不错。可是，产品真正开始销售起来，并没有预想的那样实现倍销和狂销。要说纹丝不动，倒也不是，但就是没有像流水线一样，流动得很快、很顺畅，一句话：不畅销！

这个时候，往往需要动脑筋想办法或找高人支招了，为什么产品万事俱备，恰恰等不来东风呢？

无论是从促销上下工夫，还是在倍销和狂销上使手段，多年的营销实践告诉我们，只有找准了营销方面的问题，并且采取真正的营销措施，产品才能畅销起来，也就是我们常说的：没有卖不好的产品，只有不会卖产品的销售。

可是用了很多方法，效果并不明显，消费者越来越成熟，很难用简单的打折促销提升营业额。不打折难卖，打折后也不好卖，该怎么解决？有人说"经济环境不好，我不赚钱了"，可是还有不少人照样赚得很多啊！任何时代，哪怕在经济危机的时候都有新富豪不断崛起，都有人生意比以前还好。面对危机和困难这些人不找借口，不抱怨，而是趁别人还没有适应新变化的时候抢先抓住新机遇，运用正确的营销方法，赚得盆满钵满。如果是你会用什么营销方法？

真正达到让产品实现从促销到倍销，再到狂销的营销状态，离不开以下几个维度。

第一，以认知为基础。在消费者的心里，一旦你的产品占据了他的认知，他就会成为你的潜在客户，而且还会带动身边的人一同来认可你的产品。

第二，以需求为动念。大多数时候，人们并没有很明确地想要买一件东西，只是心念一动，就买了。所以，我们就要想，如何让消费者在动念需求的时候，让他的头脑中有你的产品出现。

第三，以品牌做选择。想要让消费者在多如牛毛的产品中记住你，就要营造一个品牌效应。让大家提起某个产品，就能想到你。

基于这几个维度，我在书里都做了详细阐述。从产品打造到营销方法的实施，从促销的方法和技巧展开，到倍销成功的几个因素等。最后真正实现倍销、狂销以及打造一个倍增的营销团队，实现真正让产品畅销起来。

通过对营销理念和思维的重新认识，学会如何促销，如何打造营销动力系统，并在此基础上，结合当下经济环境和营销环境的改变，积极打造新的营销方法和系统，不断探索新的营销手段去适应新的经济发展。

希望这本书带给做营销的人以新的视角和思维去认识营销是一个整体，需要从多方面去着手进行，才能既有产品为你代言，又有客户为你口口相传。

杨智乔

2018 年 8 月 1 日

目 录

七、促销之联动——让别人帮忙而借力

八、倍销转介绍——顾客推荐动力体系

九、倍销代理商——顾客角色转换体系

十三、狂销好系统——结果是实战出来的

十四、营销资源池——有资源才有冲击力

十五、营销无定式——不断变化的大学问

一、业绩治百病

——业绩好才是真的好

1.有业绩才有利润

做销售的，我相信大家一定听过这样的口号："业绩就是尊严，利润就是未来""业绩才是硬道理""没有业绩，利润就是空中楼阁""没有业绩和利润的苦劳，等于白劳"。可见，业绩是一切企业生存的根本。

在市场中，企业竞争力归根结底是业绩的竞争，只有业绩好的企业才能"笑傲"市场。业绩是企业的一条红线，无论是一个新科技企业，还是一个传统制造企业，离开业绩都无法生存。

百事可乐"以业绩决定员工成就"。那些业绩优秀的员工总是能得到公司的嘉奖，而那些业绩不佳的员工则不断地被淘汰。

戴尔公司的核心经营原则也是靠业绩说话。戴尔对创造优秀结果的员工一向给予奖励。同时，给业绩平平者执行的是"严厉的走人政策"。

通用电气前 CEO 杰克·韦尔奇认为，"要想获得晋升，就要交出惊人的、远远超出预期的业绩"。

对进驻上海的全球 500 强企业进行调查证实，这些公司的用人标准有三个：知识、能力和业绩，而业绩则是最重要的。

这些世界知名的公司和经理人之所以把业绩放在如此重要的位置，原因就在于，有业绩的地方才有利润。

对于企业经营而言，推动企业前进，推动企业发展，推动企业扩张，推动企业逐步走向成熟、走向规模，甚至最后走进资本市场做资本运营，其决定性与根本性的因素是业绩。对于企业来说，业绩代表着企业所具有的价值；对于个人来说，业绩代表着他自身的工作价值；对于团队来说，业绩代表着团队的战斗力。

业绩是衡量一切经济活动最重要的指标。我们强调业绩才是硬道理，是想告诉所有的企业经营者和领导人，无论你是做战略决策还是做企业基本运营，抑或公司的文化建设、公司的品牌影响，一定要围绕业绩这个核心，来展开一切企业的经营活动。

企业靠什么生存？业绩。业绩可以为公司带来利润，有钱去生产，才能有钱去追加投资。如果企业不想办法提高业绩，怠慢市场，那么唯一的结果就是被淘汰出局。

在弱肉强食的市场，业绩是企业的生存底线，也唯有业绩才能保证公司的最高利益。一个业绩平平的企业，是没有办法支撑下去的。所以企业渴求员工提供业绩，需要能给公司创造业绩、创造利润的员工。

正因如此，员工要用业绩去交换自己的报酬，无论是你想加薪还是想升职，都需拿出业绩来。

常言道"英雄不问出身，用才只问成就"，所有企业都是依据一个人在工作中所取得的业绩来权衡他的工作能力的。在当今社会，高学历、高职称等不再是衡量人才的唯一标准，而真正有才之人也不是这二者的简单相加。如果一个人不能为企业带来经济效益，创造出色的业绩，就算他拥有博士学历，也只不过是噱头而已。企业竞争越来越激烈，其核心还在于人才的竞争，而人才的价值就表现在其能为企业创造多少业绩，能创造多大的经济效益，这也是企业追求利润最大化的直接体现。

企业中，很多职位看重的是结果，业绩决定一切，只有把能力及时转化为业绩才会更好地在企业立足。

如果一个员工对自己的企业足够喜欢，那么他就会焕发出无与伦比的工作热情，就会不自觉地为它创造更好的业绩。

为企业创造业绩，一方面要以企业发展的角度而不是以个人发展的角度来考虑如何为企业创造价值，达到个人价值取向与企业发展相融合的境界；另一方面，要树立与企业共存亡的价值观。只有企业发展了，个人生存和发展的空间才会拓宽。

"业绩决定一切"是绝大多数企业的人事管理法则。真正的领导是不会也不可能在工作态度和服从领导上面过分去纠缠下属员工的细节问题，他们要的就是工作结果。无论你如何拍领导的马屁，如果工作没有完成，那么，对不起，请你走人！

在职场中，业绩是衡量人才的唯一标准。一位曾在外企任职多年的人力资源总监颇有感触地说："所有企业的管理者和老板，只认一样东西，那就是业绩。老板给我们高薪，凭什么呢？最根本的就要看我们所做的工作，能在市场上产生多大的业绩。"现在就是一个以业绩论英雄的时代。

不管你在公司的地位如何，不管你长相如何，不管你的学历如何，你要想在公司里成长、发展、实现自己的目标，你就需要用业绩来实现。只要你能创造业绩，不管在什么公司你都能得到老板的器重，得到晋升的机会，因为你创造的业绩是公司发展的决定性条件，是一个公司利润的真正来源。有利润，公司才能良性循环，不断壮大；高效完成员工才能不断提升自己的能力，实现个人价值。

所以，销售的第一条铁律：有业绩才有利润，业绩决定一切。

2.有结果才是硬道理

办企业最终的目的都是为销售和业绩，这个是理所当然的，谁都懂，都是为了挣钱。销售卖货，没有结果自然就会很快倒闭。企业评价员工唯一的标准只有两个字——结果！

如果一个员工有能力，有态度，肯吃苦，然而在付出了大量的时间和精力后却没有给到企业需要的结果，那么他的价值就为零。有员工会说，我没有功劳有苦劳，办事兢兢业业，出不了结果也不是我的错，我的工作态度非常好呀。

一个态度好的人，确实会比态度差的人更有机会，但态度好不等于有结果。很多人说：老板，我没有功劳也有苦劳。但没结果，说明你无能。因为，没功劳有苦劳对公司没有意义。

公司有三种人：一种很努力没结果，一种努力了有结果，还有一种很轻松有结果。这三种人哪种人最厉害？当然是第三种人。最优秀的人才就是看似不怎么努力就能出结果，没事干或者很悠闲结果却很好，说明他做事有方法、讲策略，这种人才是理想的人才。

企业要的是结果，有结果才是硬道理。企业是一个为客户创造价值的经济组织，员工为企业创造结果，企业才会有盈利，员工也才会有收入。

员工与客户价值之间，存在着必然的因果关系，这是最基本的逻辑。这种逻辑关系意味着，执行的结果是"客户价值"，凡是不创造客户价值的，无论你有多辛苦，都不是功劳。企业和客户都不相信苦劳，只相信功劳。

功劳就是为结果表现出的执行力。什么是执行力？能拿出结果的能力就是执行力。优秀管理者的思维方向和管理模式，可以归结为一种简单哲学，即关注结果。结果是唯一也是最主要的关注点，其他任何事情都是次要的。

而销售实质就是一种以取得结果为目标的职业，其评价标准就是目标和任务的完成程度。老板、领导把任务交给你，你就要想方设法带领团队完成任务，拿出结果，让股东满意，让领导放心。否则，职位难保。

真正的销售要的是结果，而非过程。

商业的本质是结果交换，因为企业提供产品给客户，客户才付给我们钱。如果我们提供的产品客户不满意，客户就不给我们钱。

例如，找一个快递公司帮你把东西从北京送到上海，快递公司没送到，发生了交通事故，把东西搞坏了，你不但不付给他快递费，还要找他索赔。如果你是一个员工，公司让你把东西从北京送到上海，发生交通事故没送到，公司不但要付你工资，而且要付工伤费。

这个事情似乎有点不太合理？我们让别人干的时候，我们是客户，快递是服务人员，他没送到，要找他索赔，追究他的责任。而作为员工的时候没做到，要找老板算账。这是为什么？快递跟你交换的是劳动结果，你跟老板交换的是劳动过程。大部分人赚不到钱，只有少数人赚钱，大多数人跟老板交换的不是劳动结果，而是劳动过程。不管我做得好不好，都要付我工资，这就是劳动过程。如果说我会提供劳动结果，没有劳动结果我就不要钱，那你就能赚大钱。所以在工作中，不管有没有结果，都要求老板付工资，这是打工思维，你只提供了劳动过程。换个说法，假如我没提供劳动结果，我就不要钱，这就是老板思维和办企业思维，也就是我们要强调的"结果思维"。

做工作就是做结果。多劳多得，少劳少得，不劳不得，这些道理每个人都懂。劳动和工作仅仅是个过程，这个过程的最终目的是工作成果。作为员工，每到月底就会向企业或老板要结果，这个结果就是工资。反过来，老板也会向员工要结果，"我凭什么给你发工资？"员工会说："因为我完成了工作目标。"老板就会很高兴地发工资。如果员工说："我辛辛苦苦干了一个月。"老板不一定就会高兴，那老板就会问："难道辛苦就得发工资吗？工作计划落实了吗？订单拿下来了吗？任务完成了吗？交代的事情办妥了吗？"这些都是结果。如果做不到这些，自己想要的结果也就无从谈起。

做销售只有拿出结果，才能说话硬气，才能保住你的职位，保住你的团队，保住你的下属，不然的话，一切都是空谈。

我们试着分析一下：一个理想主义者和一个结果导向的人，他们各自组建了一个营销公司，分别培养了一支理想主义和结果导向的职业经理人队伍。

理想主义的管理者做事一向追求完美。他想，企业做大，首先必须有一套先进的企业管理制度。于是他花了一笔钱，引进了一套先进的绩效管理体系，有了一个宏伟的百年战略规划。每年年终，他根据绩效评估结果，奖励那些做事规范、工作完美的理想主义员工。所有理想主义的员工都在这套管理体系中努力工作，每天早上唱着"早起的鸟儿有虫吃"去上班，晚上还自觉主动地加班，花费了大量的时间和精力将每一件事情都尽量做到完美。在管理体系之下，所有的工作都受到层级严密的控制，同时所有工作也都依从上级的安排和指令。在一个等级森严的体系中，他们花费大量的时间去跟其他部门进行沟通，部门之间充斥着一股相互抱怨的气氛……

结果导向的管理者做事一向实际。他想，企业最终必须靠业绩说话，而良好的业绩首先必须有良好的销售。于是他也花了一笔钱，买了一套销售和客户管理软件，分析客户需求的变化。他设立了一套激励制度，重奖当月为销售做出重大贡献的结果导向的员工。如果销售总量高于上月，那么所有结果导向的员工都将即时受到不同的奖励。他们个个目的明确，行动迅速、应变灵活。员工虽少，产品不算最好，但销售很好……

为什么追求完美的理想主义的最终销售状态不如追求结果导向的好呢？

理想主义的管理者，从企业赢利的第一目标，推导出员工的绩效要好、做事要规范、工作要完美的第二目标，结果在实施中第一目标渐渐被淡化弱化，企业风气慢慢地变成了追求工作完美，这已经发生了偏离。所有人都在往偏离的方向上走，自然要达成赢利的目标就很困难了。而结果导向的管理很坚定地往赢利目标上引导员工，并在此基础上注重开展有针对性的管理工作，采取的措施对实现经营目标真正发挥了作用。

所以，一个企业的成功是要靠结果来保证的，提高执行力、拥有结果思维是企业发展的必然要求。没有执行力，没有结果，就没有发展力和竞争力。

3.有市场才有影响力

在我们的身边，经常能见到叫好又叫座的企业，比如苹果、淘宝、百度、京东等。随着营销实践的不断发展，品牌的市场效应也在不断地扩大，越来越多的消费者更愿意选择具有知名度和美誉度的品牌进行消费。这对于生产者来说，有了更大地激发灵感和设计品牌的理念，在营销市场上形成了良性的循环竞争。

也有些企业，从大卖场到街头小店，从大众渠道到特殊渠道，只要是能够带来销售机会的渠道，都会削尖脑袋往里挤。他们追求的是什么？是铺货率，是通过铺货率把产品卖给消费者之后获得的市场占有率。

企业只有占有了市场才会有影响力。

占有市场份额的大小，在很大程度上反映了企业的竞争地位和盈利能力，这是企业非常重视的一个指标。市场份额具有数量和质量两个方面的特性。

提起市场份额，多数人首先想到的是市场份额的大小。但事实上，市场份额的大小只是市场份额在数量方面的特征，是市场份额在宽广度方面的体现。市场份额数量也就是市场份额的大小。一般有两类表示方法：一类是用企业销售占总体市场销售的百分比表示；另一类是用企业销售占竞争者销售的百分比表示。

市场份额质量是对市场份额优劣的反映，它是指市场份额的含金量，是市场份额能够给企业带来的利益总和。这种利益除了现金收入之外，也包括了无形资产增值所形成的收入。衡量市场份额质量的标准主要有两个：一个是顾客满意率；另一个是顾客忠诚率。顾客满意率和顾客忠诚率越高，市场份额质量也就越好，反之，市场份额质量就越差。

如果行业内企业众多，且每个企业市场份额数量都很小，此时企业一方面应努力扩大市场份额数量，另一方面应努力提高市场份额质量，数量和质量兼顾。应该说，此时扩大市场份额数量就能够使企业在众多竞争者中脱颖而出。同时，扩大市场份额数量也显得相对容易，毕竟众多的竞争者中实力弱小的企业占有很大的比重，发动对这些企业市场的进攻，耗费的资源不会太多就能取得较好的效果。但是，别的竞争者也会以这种思路来扩大市场份额数量，这将引发较强竞争者之间的较量。企业要想在较量中胜出，就必须将一部分的资源用于提高市场份额的质量，用优良的产品和优质的服务提高顾客的满意度，增加顾客的重复购买率。这种从市场份额质量入手的做法可以稳定地增加市场份额数量，又能够避免引发恶性竞争，还能使企业在顾客中树立良好的口碑。

随着企业与企业之间的竞争愈来愈激烈，一个企业能够占领多大市场，将决定能产生多大的影响力。而占领市场的前提条件是，把消费者的需求放在第一位，要让消费者买账。

把握用户需求强调的是：给予用户快乐才能创造生意；解决用户痛苦才能缔造事业。创业做生意，办企业谋发展，无外乎两个字：需求。需求是创造一切财富的力量。有需求才会有买卖，有买卖才会有生意，有生意才会有盈利。这是一套良性的循环，其根源在于"需求"。

所谓的需求，就是如何在产品和服务推向市场之前，就能确认顾客会不会买账。为了回答这个问题，需要先回答另一个问题：为什么人们会买账？这里有两个最基础的答案：把钱花在对抗痛苦上和把钱花在追求享乐上。

一个人或者一个企业在进行每一次销售过程中，包括所有人的思想及行动，无论在意识或潜意识上，都受到两个因素的控制，那就是追求快乐的欲望、逃避痛苦的动力。我们归纳为追求快乐和逃离痛苦。

一个人要产生购买冲动只有两个关键，即追求快乐与逃离痛苦，其中痛苦的影响力要比快乐的影响力要大 3 万倍以上。在对这些快乐或痛苦的程度做比较判断时，通常会倾向于逃避痛苦。也就是说，若有痛苦产生，则认为逃避痛苦者优先。这也是销售切入的关键点。所以，这就告诉我们一个颠扑不破的真理：给予快乐创造生意，解决痛苦缔造事业。

将痛苦和快乐按这样的次序摆在一起是有原因的。所有事都是平等的，当一个痛苦或问题越是深刻沉重，你就越有可能找到一个对抗它的办法，而越能对抗这个痛苦，顾客就越快地购买。顾客越快地购买，传播的途径就会越多越广，同时带来的就是市场占有率的提高和影响力的扩大。

如果一个企业在人们的脑海里占据了一席之地，你就塑造了品牌，也有了影响力。试想一下，为什么京东会令很多人着迷？因为它占据了我们大脑的一部分。每当我们想购买产品，尤其是电子产品时，首先想到的就是京东。打开电脑网站或手机 APP，点击两下，京东送货到家，一天后就能在家见到产品了，上午下单有可能当天就能见到自己购买的产品。

一旦占有了市场，那么你的品牌就会在人们的脑海里占据一席之地。你的产品通过重复和创新，你的影响力会越来越大。当你还没有意识到时，人们已经从行动上表现出了对你的兴趣。他们会想到你，讨论你，并和朋友分享你的产品，购买你的服务。

很多企业尽管一时业绩惊人，但市场基础工作却非常薄弱，经销商缺乏忠诚，价格混乱，产品质量不高。是不把眼光放长远，也不打造品牌影响力，这样企业的经营业绩是不可能持久的。

提高市场占有率，需要从三个方面着手：

第一，打造产品功能。当客户在购买某一款产品时，首先考虑的是产品的功能性，即是否有很好的功能，能够满足消费的目的。客户追求的是产品能够很好地解决问题，满足购买后的使用目的。这是购买的第一需求。

第二，价格和价值匹配。这是一个不仅看价格，也看价格后面的价值的年代。如果市场上的产品都能同样满足客户需求，此时客户就会开始考虑产品性价比问题。客户更愿意追求具有更高性价比的产品，期待更低的价格，买到超值的产品。因此你首先是考虑大幅度提升产品的价值，让产品价值超出同类产品的价值，从做工、用料、设计、产品形象、产品功效、产品品牌价值等方面提升价值。其次是降低产品的价格。降低产品价格意味着你要降低产品成本费用、渠道费用、推广费用。

第三，产品的服务效率。客户的第三个追求是：如何更好地获得满足。客户在想：我现在就要得到满足，谁能最快速地满足我？客户期待购买最方便、行动最简单，最快速度享受到产品带来的快感与满足。提高效率，意味着为客户节省了时间，提升了用户体验。提升效率意味着一方面你要在管理与流程上下功夫，另一方面你要在渠道布局上下功夫，布局更多的便捷渠道与客户消费触点。

做到这三个方面，才是打开市场的关键。

二、核心好产品

——好产品就是好营销

1.注重价值而非价格

在市场上被多数人认可和争相购买的产品往往靠的并不是物美价廉，也不是单凭打价格战，使产品的价格一降再降，而是体现出产品的价值，让消费者认可和接受。比如，苹果系列产品，一代又一代新产品更替中，人们疯狂抢购，关键就是苹果的高价值。

路虎很贵，开的人越来越多；夏利很便宜，已被淘汰。苹果贵，用的人却越来越多；诺基亚很实惠，已经倒闭。为什么？因为客户买的不仅是物超所值，更是产品价值！所以，今天我们要经营好的产品，不仅因为它便宜好卖，也要看产品所带来的价值。好产品，不是贵在价格，而是贵在价值！

我们必须承认，今天我们已经从产品制造时代进入塑造产品价值的时代。在产品供大于求的今天，已经过了只图便宜的时代，不是谁的产品便宜谁就能走得更远，而是谁能更好地塑造产品的价值，谁才会取得最终胜利。

为什么同样是卖手表，有的卖几百元，有的卖几万元；为什么同样是卖汽车，有的卖几万元，有的卖几百万元；为什么同样是卖服装，有的卖几十元，有的卖几千元，难道后者产品品质比前者产品品质好几十倍甚至是上百倍吗？不可能，为什么人们愿意多付几十倍甚至上百倍的开支来购买呢？因为人们买的不仅是产品品质，更是产品价值。

同样一双鞋，耐克七八百，李宁才不到三百。同样的包包，LV就卖到了过万，相同做工的包包不足千元。之所以有这样的差距，是产品所赋予的价值不同造成的。

购买宝马车的人有时候并不在乎车子本身跑得多快，能开多久，他们购买的是宝马车的价值，即开宝马的感觉和身份象征。所以，追求的应该是产品价值，而不是产品价格。价值和价格永远是两码事。现代市场中，你的产品应该避免谈论价格。如果你把价格放在第一位的话，那么你的产品就走不远。正确的方法是，在营销中只谈论价值，不谈论价格。

正如我们所知道的，麦当劳卖的是快乐，星巴克卖的是休闲，小米卖的是参与感，沃尔沃卖的是安全……这些无一不是在卖产品的理念和价值。

客户需要的不仅是产品，而是需要产品带来的价值。而价值不同于产品，因为产品是你所认同的，价值是客户认同的。产品是有限的，价值是无限的。产品是由产品本身质量、功能等所决定的，产品价值是由产品所处的时机和市场环境所决定的。所以，真正的销售高手不卖产品，只卖价值。

在消费升级的大趋势下，价值是未来产品的核心诉求点，是未来产品的强力竞争点。在物质高度发达的今天，单纯的物理属性已经很难满足日益挑剔的消费者，他们更需要能和他们情感共鸣的产品，与其说是消费产品，不如说是在消费一种生活方式。

这是一个产品过剩的时代。你卖的产品几乎总能在市场上找到同类，或者有相似的替代品。因此，你推广的产品核心价值，一定是顾客强烈需求的、与众不同的。著名营销专家劳斯·瑞夫斯说："你必须有明确的、独特的价值主张，让顾客至少有一个理由，将你和竞争对手区别开。"同样一杯咖啡，口感、原材料、杯子大小都一样的情况下，在路边店卖8元，在星巴克卖38元。因为在星巴克喝咖啡，咖啡只是你消费的一部分。除了咖啡，你还要为星巴克的文化氛围、咖啡厅的环境，甚至你听到的每一首音乐买单。这就是星巴克的商品价值。

成功销售的真谛是将产品和服务的特有价值，恰如其分地传达给顾客，强化顾客的自我需求，促使顾客购买产品。

在顾客不知道价格之前，你的任何报价都是高的，销售的本质是传递产品价值。报价格，对客户来说相当于带给他痛苦，因为他看到的是自己往外掏钱；报价值，对顾客来说相当于带给他快乐，因为他看到了自己拿到了什么好处。如果价值塑造上不去，你的任何价格顾客都会觉得太贵了。所以，在卖产品时一定要先塑造产品价值，客户买的不是产品，而是产品给他带来的好处。你能让客户看到你产品的价值有多大，有哪些好处，你的产品就能卖多少钱。当你的好处达到一定程度时，客户甚至都不跟你计较价格了。

对销售人员进行有效的销售技巧培训非常重要，因为广告、渠道等做得再好，也只能算是一场球赛中精彩的传带，而临门一脚则要靠终端销售人员来完成，需要销售人员把商品价值传达给消费者。所以，重视对销售人员的培训也是增加商品价值的重要环节。

不要去和顾客纠缠商品值多少钱，一旦陷入价格的纠缠中，将很难卖一个好价钱，甚至很难达成交易。此时应该引导顾客的思想，一起探讨商品的价值，这样就忽略了价格因素。同时，要给顾客一个可以量化的价值。

从实际价值和心理价值两个方面进行量化。心理的价值是顾客内心深处的满足，是一种感觉，是满足他们的欲望、实现他们梦想的东西。销售的过程，其实就是让顾客了解产品的价值远远高于产品的价格。换位思考，你销售给顾客的产品、理念、价值是否超过顾客的预期呢？

所有的价值都是比出来的，所有的感觉都是比出来的。核心就在一个"比"字。把顾客比舒服了，觉得值了，他就买了。

所以，塑造产品价值的核心和本质就在一个比字，所有的方式和策略都是比的延伸。

现在想想，你的产品如何比吧。

2.从消费者角度思考

在销售上，说"顾客是上帝""客户永远是对的"，因为顾客 / 客户的感知是检验工作好坏的唯一标准。一件事情做得好不好，不是由你的出发点、动机和付出多少努力所决定的，而是你的顾客 / 客户的感知所决定的。两个人相处，A 说，我是怎么怎么想的，我对你有多好多好，并没有什么用；B 的感受才是重要的，B 觉得 A 好就是好，B 觉得 A 不好，就是不好。

我们都听过"顾客是上帝，一切从顾客出发，让顾客满意"这样的理念，很多企业也总觉得自己在为消费者着想。其实许多行为只是无意义的自嗨，根本没有站在他们的角度去思考。"为消费者着想"和"站在消费者的角度"看似大同小异，其实最终得出的结果却是截然不同的。因为这是两种完全不同的思维，最大的问题就在于前者偏离了消费者真正的需求，而后者才能真正了解消费者心理，把握消费者的实际需求。

例如，美国西南航空公司打破消费者以往对于飞机宽敞、舒适、可口食物等的期望，它的飞机不是很舒适，不提供食品和咖啡，只保证安全和快捷。但这样的航空公司不仅没有倒闭，反而成了航空史上的传奇。究其原因，是其从消费者的角度思考。对于消费者而言，坐飞机最重要的就是安全和便捷，于是它舍远求近，专攻这两个方面并把成本降到最低，满足交通快捷的同时提供了同行很难比拟的超低价格，这种结果正中消费者下怀。既可以降低成本，又牢牢抓住了消费者的心。

每个客户面对你的产品或服务都会有三种选择：第一，我找你购买；第二，我找其他人购买；第三，我不买。你要站在客户的角度，分析他当前的情况。你不买，目前你的痛苦依然存在，会带来什么后果，什么损失，为什么会带来这些损失？你找其他人购买，你告诉他选择你们的优势，和其他产品不具备的优势。然后分析找你购买的优势好处，帮客户去分析他目前的形势，推荐他做一个最优的决策。这才是真正站在消费者角度思考。

现在的中国社会和市场环境，消费者进入了真正的消费主权时代，尤其是互联网技术的广泛应用，使得消费者对待产品和品牌的心态也完全改变了。什么叫消费主权？就是真正以消费者为核心。企业的一切营销思考都要聚焦消费者。产品为核心消费者创意设计，包括产品上的信息，全部要进行聚焦个性化改变。品牌名称必须迎合核心消费群体的精神价值取向，符合他们的性格，具有明显的族群特征。而品牌的传播则全部彰显核心消费群体所关心的核心事件，运用互动的形式，吸引他们全身心参与到品牌推广的活动中。

一个产品的成长和成型，首先要以用户为中心去设计，在"用户第一"的前提下，必须从用户的角度去思考、分析问题。在实践这点时，最忌讳的是产品经理以自我为中心，把自己当成了用户，把自己的需求当成用户的需求。如果所做产品的目标用户人群涵盖了自己，那还具有一点代表性，否则就成了拍脑袋的决策。奇虎360 CEO周鸿祎曾经说过，如何把自己当成用户，是要首先把自己从产品经理这个角色下的专业人士，蜕变成啥角色都没有的"小白"。不过这很难做到，随着阅历和经验的增长，还原的可能性越来越小。因此，我们还是要客观地去分析产品的目标用户人群，并找出人群当中的主流用户，再针对主流用户去做研究。

最简单的就是：假设自己是一位消费者，看到自己的产品，能否对所推广的产品产生浓厚兴趣？是否会产生购买欲望（想不想买）？购买的欲望强烈不强烈？如果你不能，那消费者更不能！如果连你自己都不能说服，那么消费者就更不能被说服！（千万不要认为消费者的智商比你低，那么容易说服，如果你天真地认为消费者的智商比你低，只能说明你自己的智商太低了！）

从心理学的角度来说，消费者的消费行为首先是在心里形成了一种消费原因，可能是来自外界的原因，比如商品大降价、商品精美；或者是内部原因，比如口渴了要喝饮料。当受到这样的刺激之后，就产生一种心理活动，这个心理活动就是用户的思考角度，是买还是不买，还是选择买其他的物品，进而产生消费行为。

消费者购买商品是因为消费者有来自外界或者是内心的需求。在消费者的心里，不管有没有形成一种对某样商品的需求，我们都可以通过"刺激"来让消费者知道他们自己想要什么。那么我们如何刺激消费者的需求呢？刺激消费者的需求，也就是让消费者看到这个商品后的第一想法就从心里觉得必须得到。比如淘宝双十一半价、京东"618"购物节等。

站在消费者立场思考，其实质就是通过产品或服务联系消费者心里所想。假如把产品比作一个圆，消费者也是一个圆，品牌则是两个圆交叉的地方，交叉的地方越多，意味着消费者对品牌的认同程度越高，消费者对品牌的选择性与忠诚度越高。若两个圆完全重复，则品牌就成了消费者自我表现的一种方式，品牌会成为消费者生活中不可缺少的一部分，品牌的这种感觉是其他任何东西不可替代的。

常言道，如果想钓到鱼，你就得像鱼那样思考，而不是像渔夫那样思考。当你对鱼了解得越多，你也就越来越会钓鱼了。这样的想法用在销售中同样适合。要知道，销售的过程其实就是销售员与客户心理博弈的过程。从你看到客户的那一刻，你就进入了心理博弈的战场。兵法云："知己知彼，百战不殆。"为了顺利地销售出你的商品，就必须了解对手的心理。而了解对手心理最直接的方式就是换位思考，在遇到问题时多站在客户的角度看问题，设身处地地为客户着想，我们就能从心理上把握客户的真正需求，最终实现销售。

3.好理念——引导生活方式

在各个行业产品同质化异常严重的今天，无论你开发、生产、销售哪类产品，其目标群体都有很大的选择余地和可选择空间，怎样有效地把产品信息传播到消费者那里，让消费者购买并忠于产品，表面上看是一个市场营销的问题，从意识形态来看，其实质应该是生活或消费中一个观念、一种想法、一种状态、一种感觉的传播与倡导。

一个好的营销策划人，对这个词一定不陌生，就是"理念"。一款新的产品要走向市场，让消费者接受，首先要解决的是产品理念。产品要向消费者传达什么样的信息，这样的信息是否能被消费者接受，这都是设计产品理念时要考虑的核心因素。卖理念是产品走向市场的第一步，它的好坏直接影响到产品后续的发展。综观市场上卖得好的产品，无论是王老吉还是农夫山泉，它们都是在产品上市的第一时间抓住了消费者的眼球，这就是理念的魔力。

营销从根本意义上讲，不管卖什么产品，都是围绕理念做文章。按照客户分析，人们需要的不仅是产品本身，更是产品所带来的健康、美丽、舒适、安全、尊贵、成就、荣誉和面子等，所有产品都是为了解决这些需求而来的，解决得好与坏，就看卖的理念如何。西方国家流行这样的谚语："一等企业卖理念，二等企业卖技术，三等企业卖服务，四等企业卖产品。"产品理念即是把产品最好的亮点和价值提炼出来，包装成你的宣传口号。正如苹果倡导的极简设计和用户体验至上，每个公司都拥有一套独有的产品设计理念。三星独特的设计理念在于创造有意义的体验；微信的理念更贴近生活，倡导"微信，是一种生活方式"。

我们看到，所有成功的企业都做到了双管齐下，既有好产品，又有好的推广策略，更重要的还远不止这样。比如苹果、IBM、谷歌、facebook这些伟大的公司，都赋予产品一个与众不同的元素——产品理念。一个产品或服务的理念不在于它的产品有多酷，它的平台有多好，它的广告有多牛，而在于乔布斯拿着他的产品告诉你：我是要来改变世界的。扎克伯格做的不仅是一个社交网站，他提供的是人类可以更紧密联系在一起的愿望。在产品和商业模式泛滥的时代，我们无法像从前一样只关注技术与推广。只有赋予产品情感、理念，才能打动那些与你产生共鸣的消费者。每一个人都是独一无二的个体，每个人的创业理念都是独一无二的。只有成功地将我们的产品和理念结合在一起，它才有机会变成独一无二的伟大产品。当然，这必须是你的理念。只有真实的理念，才动人。

一件产品的销售如何，不是由产品本身所决定的，而是取决于我们给产品设计的理念是否与客户的需要相符合。所以，对营销高手而言，营销不仅是卖产品，更是卖理念。正如我们所知道的，麦当劳卖的是快乐，星巴克卖的是休闲，小米卖的是参与感，沃尔沃卖的是安全……这些无一不是在卖理念。

客户不需要化妆品，他们需要美丽；病人不需要药品，他们需要健康。有人需要健康，什么产品代表健康，这就是他需要的；有人需要安全，什么产品代表安全，这就是他需要的；有人需要尊贵，什么产品代表尊贵，这就是他需要的。人们花几万元买一块手表，要的不是看时间，而是尊贵和面子。今天很多企业的产品之所以卖不出去，因为你没有给产品导入理念，你不知道自己的产品代表什么，你的产品在市场中既没有定位，又没有地位，客户当然不会购买。深谙客户背后的心理需求，也就知道如何去卖理念。

在产品同质化的今天，客户无法辨别谁的产品最好，只有理念和品牌才能区分产品差异。所以，我们与其在产品品质上不断强调品质超群，还不如在产品理念上告诉大家你的产品跟别人不一样。"农夫山泉有点甜""巴黎欧莱雅，你值得拥有"，卖的都是产品理念。即使是相同的产品，只要我们导入不同的理念，那么也会产生不一样的效果。所以，销售产品关键在于卖理念。攻心为上，攻城为下。只要客户从理念上接受了你的观点，只要产品品质不是太差劲，他们一般都会选择你，这就是理念的作用。

我们经常看到一些产品广告，你一看就知道它能解决什么问题，如碧生源减肥茶：给你的肠子洗洗澡吧。而有些产品，看了之后会更加坚信，选择它是对的，如香飘飘奶茶：一年卖出 7 亿多杯，杯子连起来可绕地球两圈。由此可见，理念的设计首先要考虑的是理念本身是要解决问题还是强化信仰。如果这两点都不沾边，那一定不是好理念。

基调必须先确定下来，才能进行下一步。对于顾客而言，他关注的是买什么；相应地，对企业而言，我们关注的是卖什么。如果企业卖的东西正好是顾客想要买的，这就为产品购买与产品销售创造成交环境。当然，这个基准点的把握需要对产品和目标客户有十分精准的了解和描述。因此，提炼理念的第二步就是对理念支撑点的描述，即理念背书。

理念营销是企业将着眼点放在营销理念方面，从塑造企业的整体形象入手，以企业识别系统的策划与运用来求得顾客的忠诚和社会的认可。现代企业更多地将着眼点放在理念营销方面，也可以理解为"王婆卖瓜，自卖自夸"。其中，夸的对象发生了转变，从以前王婆卖瓜的时候说"我的瓜很好"，变成现在的王婆卖瓜不卖瓜，而变成"卖王婆"。也就是说，如果买瓜的人知道王婆在卖瓜这个领域一向诚实、可靠，产品理念好，而且王婆选的瓜一定是好瓜，卖瓜的王婆是个诚实、可信的经营者这个说法被消费者所认可和接受，那么，以后买瓜的时候只要看到是王婆在卖瓜，消费者就可以相信她的瓜的品质。即使王婆偶然卖出的一个瓜不甜，买瓜的人也会因为一直以来对"王婆"品牌的信任度和忠诚度而不予追究。因为王婆一向是个好经营者，偶尔犯点儿小错误也是瑕不掩瑜的，改正了以后，她比一般的经营者还要好。

产品理念就像是一个标签，将产品在消费者心目中定了位。同时，它又像一把利剑，为产品在市场上劈开一条血路，打造一片属于自己的蓝天。不仅如此，好的理念可以让产品拥有更高的辨识度，虽然简短，却字字铿锵，直击消费者的内心。

4.好设计——设计感

随着经济全球化进程的加快，人们生活的方方面面都在往全球化靠近。不同国度不同肤色的人们，其生活方式和生活态度正在相互渗透、相互影响。而设计更是让人们靠得更近了，设计的本质正是让生活更高效，让生命更高贵。在今天，没有美，没有文化，就不可能拥有高品质的生活，设计就是创造美的文化。三星电子首席执行官尹钟龙说：好的设计是将自己与竞争对手区分开的最重要方法。设计也是一种生产力，对于大公司来说，设计可能是"第二核心技术"。在强调实用与功能性的同时，好的设计在一定程度上可以摆脱市场上的同质化竞争，对企业营销与品牌产生很大影响。

我们每天睁开眼，都会面对形形色色的广告，这就是外在地对产品包装和宣传，从而建立人们对它的品牌印象。当然广告只是其中的一种表现形式，还会有一些其他的方式，比如一些活动或是人们的口碑相传等。而一个好的产品设计外观，是用外在的方式，树立人们心目中对产品的良好印象。

产品设计是建立产品与消费者亲和力的有力手段。在精神与物质极大丰富的今天，消费者越来越注重产品的外观，对设计感的期望值越来越高。

在当下这个消费需求多样化的时代，仅仅生产功能优越的品牌已经不够了。对于消费者而言，那些能够与顾客进行交流，满足现代人热衷的娱乐性、个性、互动性方面需求的设计才是好设计。

一项成功的设计，应满足多方面的要求。这些要求，有社会发展方面的，有产品功能、质量、效益方面的，也有使用要求或制造工艺要求。一些人认为，产品要实用，因此，设计产品首先是功能，其次才是形状；而另一些人认为，设计应是丰富多彩的、异想天开的和使人感到有趣的。设计人员要综合地考虑这些方面的要求。

Dieter Rams 是德国著名工业设计师，他以一名工业设计师的视角解释了什么是好的设计，他认为好的设计要具有以下特点：

富有创新性——创新的机会总是存在，科技进步总是为创新设计提供新机会。两者总是如影随形。

让产品有用——产品必须有用，需要满足一定标准，这些标准不仅包括功能，而且还包括心理学和美学标准。好的设计不考虑任何背离产品的东西，强调产品的有用性。

能带来美感——产品的美学特点与其有用性是统一的整体，因为你每天都要用到产品，它们会影响到你的幸福，只有好的东西才能称之为美。

能解释产品——好的设计能阐明产品的结构。如果能让用户通过直觉了解产品的功能，那会更好。最好的设计是让产品不言自明。

不张扬——能实现某个目的的产品就像工具一样，既不是摆设，也不是艺术作品。因此设计应该是中立、有限度的，给用户预留表达空间。

忠于产品——好的设计并不会改变产品自有的创新性和价值，不会给用户开空头支票。

持久——好的设计会避免落入俗套，因此永远也不会过时。即便是在用完就扔的社会里也会存在很多年。

关注每一个细节——好的设计不能有任何随意性。在设计过程中的用心和精确可以表现出对消费者的尊重。

环保——好的设计需要对环保做出重要贡献，能够在产品的生命周期内节省资源，减少物理污染和视觉污染。

越少越好——更少，但更好。因为好的设计专注于核心方面，产品没有非核心元素带来的负担。好的设计纯粹、简单。

对于企业而言，好的产品设计方案，不仅意味着可以达到客户需求，还意味着企业可以通过该产品的市场销售获得丰厚的利润。所以，如何在客户需求和产品设计、开发技术成本之间进行权衡以实现企业利润的最大化，才是企业产品设计的核心关注点。用户体验的重要性不言而喻，但很多成功的商业产品，它最终获得成功的核心，其实并不是在用户体验这方面做到了极致，而是获得了一个空前的、前瞻性的概念。而这个全新的概念注定了承载这个概念的产品会取得商业上的成功。即使用户体验欠佳，可是用户只要使用了，就离不开它，并且会觉得没有它，生活就会变得很不便捷。

现代消费者面对的不再是品种单一的商品，而是琳琅满目，甚至功能、效用相同的商品。这时，消费者如何选择和判断是目前设计行业正在研究的一个重要课题。可以肯定的是，除了广告、价格、产品设计等因素的影响外，商品的包装也是一个非常重要的影响因素。产品包装是最直接的广告，直接影响顾客的购买欲望。产品包装不再仅是卖实惠、卖容量，而是更卖情感、卖趣味、卖个性。因此，产品包装也要同产品本身一样，把设计感体验出来。

当前的消费市场正在进入换挡期，"90后"成为主流。这类人群注重个人感受，讲究感觉对味。在他们眼中，一款产品不仅要好用，更要有趣。从营销的角度进一步来说，消费者的感知价值是影响其购买的最主要驱动因素。这种感知价值，不一定是理性的，往往是感性的。谁先建立高颜值设计和包装，谁就能抓住新兴消费者，开辟更大的市场。

过去的设计只是改善外观，强调使用功能。而当今的设计已经成为创新产品和企业经营的手段，设计的作用更加凸显。好的产品设计要有灵魂，要注重用户体验，要为顾客赋予新意义和新体验，成为创造新价值、新款式的手段。

5.好口碑——顾客评价是最好的标准

有句很熟悉的广告语"大家好才是真的好",说到底,一个产品符合"好"的标准,最重要也最根本之处在于顾客的评价,俗话说"金杯银杯不如客户的口碑"。

口碑曾是最古老的营销方式,"酒香不怕巷子深"就是口碑营销极盛时的写照。也正是在这样一个特殊的时代,让口碑营销重新成为可能。马云说,对企业来说"口碑"的重要性远远大于"品牌"。

有一个哑巴卖刀的故事:在一条大街上,摆有很多卖刀的小摊,各摊主在叫卖上可谓八仙过海,各显神通,有的说自己的刀材料好,是用上等乌金所造,削铁如泥;有的说自己的刀做工好,乃经过九九八十一道工序所成,削铁如泥……

在这一群大声叫卖的人群中,有一个人却默默地蹲在一旁,他也是一个卖刀的。怎奈他是个哑巴,无法叫卖。无法叫卖的哑巴只得坐在地上用刀一截一截地切铁丝,切完铁丝后,又切棉花。有人惊讶地发现,他的刀不仅是真正的削铁如泥,而且切棉花也轻松无比,于是一传十,十传百,大家都知道有个哑巴的刀非常好,反而是那些大声叫卖的,生意越来越难做。

对企业来说，创造口碑不是目的，发现消费者反馈信息，并减少负面口碑，促进正面口碑传播才是目的。我们必须认识到，我们最终目的是要用良好的口碑来引导消费者的购买行为，进而扩大市场占有率。

口碑是影响消费者态度和购买行为的重要信息来源，绝大多数消费者在进行购买决策时，会向外界寻求信息支援，而相对于正式或有组织的信息来源（如广告），消费者在购买前往往更多地依赖非正式的或人际传播的信息来源。因而，口碑传播具有较高的影响力和说服力。

好的口碑来源于客户体验度，就是客户对公司或产品的评论，是品牌的口碑。顾客的忠诚对于品牌的意义，我想大家都了解。有研究表明：正面的客户体验往往可以建立起顾客与品牌之间的长期关系，86%的顾客愿意为更好的购买体验而买单。

做产品，把精力放在最核心的地方。当你的产品已经获得良好口碑，然后再考虑其他，如营销和扩大市场。产品经理要关注最核心、能够获得用户口碑的战略点。当用户在自动增长（用户会主动推荐朋友来使用我们的产品），就不要去打扰用户，否则可能会好心办坏事。这时，每做一件事情，每加一个东西都要经过很慎重的考虑，真的是有建设性地去增加产品的一个口碑。当用户口碑失去后，再将用户拉回来将会很难。

打造口碑的前提是让客户体验，在客户体验之前，产品经理就要非常敏感地找到产品的不足之处。任何一个产品在投放市场之前，自己使用加内测三个月，问题是有限的，一天发现一个，解决掉，你就会慢慢逼近那个"很有口碑"的点。不要因为工作没有技术含量就不去做，很多好的产品都是靠这个方法做出来的。我们的领导不仅要安排下面的人去做，也要自己做。这些都不难，关键要坚持，心里一定要想着，自己不试，肯定出事，直到一个产品基本成型。

创造好口碑的关键性因素有以下三点：一是客户的反馈；二是客户的服务；三是产品的优化。周到的服务态度是建立在产品销售的基础上，注重客户的反馈是优质产品的关键，也是真正服务客户的态度。产品的质量是客户是否满意的先决条件。优良的物品质量与细心周到的售后服务最能让客户体会到愉快的购物经历，不仅能提高客户的忠诚度，带来再次销售，而且客户还会将产品推荐给朋友、家人，帮企业做宣传。因此，在以上消费者最为关注的问题上做足功夫，能让企业在品牌建设上起到事半功倍的效果，是一件市场终端的制胜利器。

三、卖得好才好

——产品好不等于卖得好

1.把产品卖成爆品

爆品就是能让消费者尖叫和心跳的产品，比如雷军的小米、乔布斯的苹果、任正非的华为，这些产品都能算爆品的代名词。

爆品的字面意思就是能够引爆市场的口碑产品，有可能是一款单品，也有可能是一个系列。爆品是由"爆"和"品"两个字组成的，爆：是指引爆、爆发的意思，品：是指产品、品牌、品质、人品，也就是说口口传播，形成口碑。只有好的品质才会产生好的口碑，好的口碑就会带动产品的爆发。

爆品和爆款是不同的。爆款是区别于一般产品而相对销量较好的产品。而爆品不仅会有持续的热销，还会受到消费者持续的追捧，更是企业的拳头产品，可以为企业创造更多、更高利润的产品。

在市场环境允许的条件下，能满足消费者的消费需求、借助特定的营销谋略、快速被目标人群广泛购买的产品就叫爆品。

打造爆品的前提条件必须是合法经营的产品，而且至少有一点能满足消费者的需求。在此前提下，任何产品都具有爆品潜质。换句话说，只要市场环境条件具备，任何产品都可以被打造成为爆品。打造爆品的核心不在于产品本身，而在于营销谋略。

现在已经进入一个爆品为王的时代，我们看到这几年红火的企业，其实都不是靠一系列的产品，都是靠几个产品做起来的。最有名的案例肯定就是小米手机，小米1代、小米2代、小米2S、小米3、后来的红米、Note，包括现在的小米4。现在主卖就是Note、小米4和红米，主卖三四款产品，一年几千万台的销量，这是以前不敢想象的。

小米的另一款爆品是小米手环，现在一年卖上千万个不成问题。但是小米手环只有一款产品，除了几个不同的表带以外，其本身就只是一款产品。而小米就是通过这么一款产品，满足了所有人的需求。

把产品打造成爆品需要有几个条件：

第一，寻找和解决用户痛点，一个以上的用户痛点。怎么解释？简单讲就是，你的产品一定要解决用户的一个一直没有被解决的问题或困难。

比如，客户买钻孔机。你给客户介绍的不是一个钻孔机，而是一个孔，客户想要的是一个孔，不是一个钻孔机的功率、转速、颜色……你老是给客户描绘你钻孔机功率是多少，颜色多么好看，这并不能吸引客户，客户想要的是那个孔。你应该更多地去描述，使用这个钻孔机可以如何轻松地钻开一个孔，即便是一个手无缚鸡之力的女人也可以，而且是可以在任何材质上轻松钻孔，不管是木板、大理石、石头、墙壁还是铁皮，都可以轻松钻孔……这才是客户关心的问题。客户想要的结果，才是客户痛点。

要知道用户在哪里，你才有办法挖掘他们身上的痛点。互联网时代的第一痛点是核心用户群的共同需求。第二痛点是产品使用过程中未被竞争对手满足的硬需求。痛点是从竞争来看，如果你的对手全满足了，那就不是痛点了。第三痛点来自用户使用产品的体验，痛点从重度使用者那里挖掘。第四痛点不只是产品的功能和卖点，还可以在产品之外。比如，产品开发出来之前，就要开始着手解决用户的关注问题，也就是把营销做在销售成交之前。小米每一代产品的开发，都有用户的深度参与，不断地调整产品方案，甚至延后上市日期，并因为产能等原因，上市前期处于控量的状态，这就是"饥饿营销"。营造饥饿感可以采取不同的策略：预售、排队、抽签、限量、线上线下差异化……营销节奏感凸显。在产品打磨和故事营造到位的基础上，保持用户的饥饿感，将为产品带来持续的吸引力。用户迟迟得不到自己想要而却又巴望着，这就是痛点。小米这样做，苹果也这样做，并取得非常的成功。

第二，要知道用户刚需，一个产品一定是用户的刚需。刚需是什么呢？刚需就是每个人都需要的。比方说我们的吃穿住行，这些东西就是刚需，你生活在这个地球上的话，那你必须要吃饭，你必须要呼吸，你必须要喝水。满足这些需求的产品都是用户刚需产品。所谓爆品战略，就是找准用户的需求点，直接切入，做出足够好的产品，集中所有的精力和资源，在这一款产品上做出突破，即单点突破。

第三，高频使用。如果一个产品，用户每年只需要用一次或者说这辈子只需要用一次，那这样的产品一定成不了爆款，这说明用户的人群没有定位准确。找到核心用户，将用户的痛点集中到几个具有典型代表性的用户身上，简化需求分析。最靠谱的方法是与目标用户进行真实交流，用户对产品体验有直观感受，一对一深度交流，先搞定那些会抱怨的用户。还有其他方法，如拉用户进微信群，让用户活跃起来，通过观察用户的行为和评论，发现用户对产品的真实想法。

第四，产品要简单。什么是简单呢？就是说产品不需要教育，不需要繁杂的售后服务。一个产品能够成为爆品，它必须要能够被大家一看就马上购买，不是通过很多引导。什么样的产品能让大家一看就马上购买？当消费者对某类产品有了一个清晰的评价标准，知道这个手机的配置，大概多少成本，多少钱。如果这个行业产品有了明确的标底，你按照这个标底把你的产品打造成本线，你就可以对客户进行准确销售。

产品打造爆品除了符合这几个条件，还要有爆品思维。如今的互联网加快了产品的生产周期，过去传统企业用十年做到的事情，今天或许三年就能够成功。这会给人带来一种误解，让人从企业诞生那一天开始，就摒弃传统企业的做法，追逐互联网下的风口。于是，社会化营销、粉丝经济、社群就出现了，轰轰烈烈的实验之后，你会发现，社群不是你想要的社群，粉丝始终变不成你的用户，你的营销也始终引爆不了网络。问题在于忽略了商业行为的本质，乃至营销的本质。

商业行为的本质就是对消费者行为的理解和引导，要足够理解消费者，这需要反复的市场试验才能够做到。要引导消费者，需要强有力的产品品质，而好的产品不是仅有情怀和理想就能够做到的，做硬件的企业如果对供应链没有足够的理解就无法生产出完美的产品，做互联网的企业不能认识到资本的作用也无法长盛不衰。

所以，爆品不是唯快不破，也不是抓住短时间的一点效应去追热点，而是要拿出足够的时间打造精品，然后才有爆品。

日本中小企业的年轮经营，美国老牌企业的不赚快钱，都是长跑思维。互联网唯快不败，真实的解读是快速出产品、精益生产，很多人认为互联网加速了成为爆品的可能性，但实际上成为爆品这个过程依然漫长。

2.卖得好需要方法

同样的产品，有的成了爆品，有的则滞销，这就有一个营销方法的问题。卖得好不好，第一看产品，第二看方法。

在营销学上有个故事，是说一个啤酒厂，当时在报纸上用很长的篇幅报道他们为了让客户喝到口感更好的啤酒，专门打了一口 600 米深的井，然后用地下井水再经过几百道工序才酿造出了如此美味的啤酒……这个广告被所有啤酒厂的同行所不齿，因为几乎所有的啤酒厂都是这么干的，是一个司空见惯的事情，所有的啤酒厂都觉得这事不值得拿来说，但是结果却是因为这篇报道，客户非常买账，觉得这家啤酒厂真的很用心，销量暴涨。

这个故事告诉我们一个道理，不管是用哪种营销手段，卖得好需要方法。

我们先看几个常见的卖得不好的情况。

遇到"买产品的人少，偶尔能卖一点"这类情况，解决方法就要检讨产品与目标消费群需求的对应程度。如果对应程度高，说明消费者对此产品认识不足，就以增加导购、刺激零店积极性等方式加强终端推介；若对应程度低，说明此产品对消费者缺乏吸引力，就通过降低价格或采取消费者促销的方式，提升其对应程度，促进消费者的冲动性购买。

遇到"产品回转慢，买过的人不回头"这类情况。解决方法包括：首先，通过扩大新的消费群，提高初次购买率；其次，查找出产品回转慢的原因，如果是品质不好就提升产品品质，如果是包装较差就更换包装，如果是产品价格过高就调低价格。如果企业不能针对上述原因进行改进，最后可考虑淘汰该产品。

遇到"产品在终端根本卖不动，市场要求退货"的情况，此现象表明产品无法满足消费者的需求，一是选准特定区域，集中进行"清仓大甩卖"；二是把部分市场实在难以处理的产品"召回"公司。

遇到"新品入市、新市场开发中，或者竞品采用短期大力度的促销打压活动等，产品出现暂时卖不动的现象"，属于正常的卖不动现象，营销人员不可操之过急，以免采用特价、买赠等促销方式及其他"紧跟竞品、同归于尽"的恶性竞争方式而损害产品的品牌形象和生命周期。

卖产品就要找到产品的核心价值，也就是说，产品能够提供给客户与众不同的感觉。现在的产品同质化极其严重，竞争激烈，大家死拼价格，把行业搞得一团糟。大家什么招都用遍了，唯独缺少对产品外延的研究和客户需求的研究。要想想：我的产品除了可以提供给客户跟竞争对手一样的服务，另外还可以提供什么样的价值？客户为什么要来购买我的产品，他是否有第二种选择？就像星巴克卖的不仅是咖啡，更是一种可以享受到的美好感觉。你要记住，客户永远都是在花钱买感觉。你的产品价格低，这对客户来说当然也是一种很美好的感觉，因为大多客户都喜欢低价格的同类产品。但是拼价格是营销中最低端的方式。你的服务态度好，这对客户也是一种非常美好的感觉，客户愿意花钱买你的服务态度。如果客户购买你的产品，你还赠送他一样东西，客户会感觉很好，这里客户买的就是赠品的感觉。你的公众号写得好，客户通过你的分享学到了很多的东西，通过你的公众号深入地了解了你的专业和真诚，从而信任你，客户买的就是信任的感觉。在保证你的产品质量的基础上，更多地想一想产品外延的部分，从外延来寻找产品的价值，寻找到一个客户必须要向你购买的理由，把那个理由充分地展示出来，做到极致，这就是一个产品卖得好的方法。

同时，你必须仔细分析你的顾客。你必须问自己：为什么顾客会买我的产品？为什么有些潜在客户不买？购买的顾客有哪些共同点？不买的顾客有哪些共同点？你只要把这些顾客分类研究，你就可以了解，原来买的顾客有这种特质，不买的顾客有同样的抗拒点。了解这些之后，你就很容易知道，如何来改善产品介绍的方式和行销的方法。

对于不购买的顾客，你必须了解其的理由。一般来讲，在销售产品过程中主要有三个抗拒点：一是他不需要；二是他没有钱；三是没时间、抽不出空来。若不解除这三大抗拒点，顾客是不可能购买你的产品的。

3.酒香也怕巷子深

从前，我们总说：千里马总会遇见伯乐，酒香不怕巷子深，有实力就行。可在当今社会，有才华的人比比皆是，但是被埋没的也遍地可见。所以说，再美的酒也需要有人把瓶盖打开，它的清香才能被嗅到。同理，作为一个买卖人，当然也不希望我们的产品蒙尘，好产品也得让人知道，这得要靠好的营销和推销手段。

没有很好的宣传，再好的东西知道的人也少，口口相传的力量当然不如新媒体的推广力量大。如果一个产品没有卖点，没有明确的价值，后期的传播无论怎么做都是徒劳。没有卖点的产品不可能让消费者产生共鸣，即使传播走情怀路线，也需要让消费者产生情感上的共鸣。任何不能营造消费者感受的产品，消费者是不会为它买单的。

一个公司要想获得发展，最重要的就是运营，那么运营要做什么？运营简单来说就是找到客户，并把东西卖给他们。经济迅猛发展的当代，竞争激烈的买方市场，要想在同种同类产品多如牛毛、市场良莠繁杂、参差难辨的竞争中脱颖而出，就必须给产品一个精准的定位，找到一个精准的细分，赢得一群忠实的客户。

高精准的营销就是合适的产品刚好给需要的人。能够一拍即合，大家共赢。能够在茫茫人群中，用最低的成本找到最能够接受你并忠诚于你的客户群，然后用最快的速度完成最有效的销售。你做的所有工作都要紧紧围绕这一点来进行，任何工作都必须直接或间接指向这个目的中的一部分，为数据结果负责。

"酒香不怕巷子深"。多是赞誉那些质量好、经营服务周到的产品或服务。即使一开始面临的境况不好，如知名度低、缺少资金周转、经营环境不佳等，但因其质量好、服务周到等能够在后来的市场中占据一席之地。于是长久以来，"酒香不怕巷子深"，成了大众评价产品与服务的口头禅，甚至成了一些创业者唯一信守的经营理念。但是，"酒香不怕巷子深"有其客观存在的历史背景条件。早些时候，人类掌握科学技术水平极低，社会生产力低下，物质供给匮乏，能够提供给人们选择的商品类别、层次也极其有限。因此，只要用心经营，提供货真价实的产品与服务，的确是不愁没有销路的。然而，现代社会科学技术突飞猛进的进步，极大地提高了社会生产力，社会物质得到极大丰富。能够提供给大众的各类商品，不论是产品升级换代还是替代品都极其频繁和丰富，甚至有些应接不暇。市场繁荣的同时，也使得市场竞争日趋激烈，往往质量优、服务好的产品，因为资金短缺或营销意识不够而被挤垮倒闭，出现劣币驱除良币的效应，屡见不鲜。产品的质量、服务当然重要，但仅仅存在这样的意识是不够的，甚至出现因竞争意识欠缺、营销滞后而退出市场的结局。

事实上，在现代社会，几乎没有所谓的"酒香不怕巷子深"。必须做到，让消费者用了你的产品后忍不住对外宣传。大多数行业其实已经没有这个能力。我们和同行的差距很小，都是做着微弱的差异化，客户即便体验到这样的差异化，也不至于帮助我们到处宣传。比如三只松鼠和良品铺子的坚果，谁家更好？其实对大多数产品普通人已经分辨不出来了。所以下一步，我们要做好"说服逻辑"。这个说服逻辑，是你以什么样的方式去给潜在客户呈现你的产品优势，通过你的网页文案，你的销售人员，你的宣传册。当然这和前面的产品也是对应的，毕竟"巧妇难为无米之炊"。如果你的产品很差，销售时候吹得天花乱坠，最终客户体验下来根本不是这么回事。那么这种"说服"不是真正的说服，而是忽悠。

在产品宣传上，有两类公司。一类公司在宣传上是下了大力气的。他们的产品好，运营好，团队协作，打造了一个优秀的品牌形象。最重要的是，他们会做营销。他们的产品如果是 N，那么品牌的热宣传就会产生 N+1，甚至 N+N 的效果。当你在各类杂志报刊上屡屡看到他们的创始人，当你听到他们的广告语，不自主地说出下一句来，这就说明——他们的广告营销成功了。还有一类公司是非常低调的，他们是企业中的一股清流，他们享受有口皆碑的赞誉，口口相传的美谈。他们很少做宣传，很少见媒体，就像骆驼一样躬身前行。

当然，我们不能说哪类公司的方式不好。但是，在产品优秀的前提下，如果不加大品牌的热宣传怎么就能让大众记住你呢？酒如果香，再加上好的推广宣传，就可以帮助公司打造一个品牌形象。一个公司在行业内一定会有一个咖位的，宣传力度一定程度上决定着公司的咖位。没有热宣传，就没有知名度，产品就卖不出去，没法盈利，这样就造成了死循环。

产品再好，如果不加以适当的营销手段，就很难拓成更宽的维度。

四、营销三部曲
——深度营销落地三步

1.促销带来客流

产品的促销管理是市场营销管理中最复杂、最富技巧、最具风险的一个环节。一个好的促销活动，不仅要有好的创意、好的促销组合，也要有好的价格策略。

成功的促销能吸引大量的顾客，并让顾客购买产品。而顾客之所以被吸引过来，还积极购买，原因在于热烈的活动氛围感染了顾客，满足了他们的好奇心，刺激他们的购买欲望，加上消费者向来就有强烈的"从众"心理。这诸多因素结合在一起，最终促成促销活动的成功。

业内常说"不促不销"。如果产品不促销，渠道或终端就不会主动进货；如果产品不促销，渠道或终端就不会主推你的产品；如果产品不促销，渠道或终端忠诚度就会降低；如果产品不促销，市场份额就会很快被竞争对手所抢去。此等现象，逼迫众企业不得不在销售促销上狠下工夫，来实现市场份额的扩大，销售业绩的增长。

一场好的促销活动，除了点子新能打动顾客外，信息的传播也是一个很重要的影响因素。要砸钱做促销，就要拿起喇叭大声地宣传，让更多的人知道活动，让更多的人传播你的活动。传统的促销宣传形式只限于电视宣传和印发海报，在新媒体力量的影响下，网络宣传、公众号营销、抖音小视频纷纷成为新的宣传主体。要想让自己的声音被更多的人听到，光有大嗓门显然已经不够了，整合线上线下资源，锁定目标客户精准传播，是实现促销成功的前提条件。

如何吸引顾客进店，成为促销活动策划的重要思考维度。来就送，来就抽，这种类型的活动是聚集人气吸引客户的方法之一，美中不足的是这种活动吸引的通常都不是目标顾客，真正想买的顾客不一定要来参加你的活动，反倒是贪图便宜的人群会蜂拥而至，不过门店促销要的就是人气，免费能帮你做到这一点。和促销活动不同的是，想要吸引顾客走进门店，另外一个做法就是加强人员拦截，对于派发 DM 单页的临促人员给予足够的培训和激励。使他们不但有能力而且有意愿主动把顾客抓到店里，不再是一天多少钱的临促费，而是抓一个顾客进店给他多少钱的奖励。

促销活动遇到的另外一个挑战是，进店顾客持怀疑观望的态度，无人愿意第一个下单，面对这种情况怎么办？之前有不少人找"托儿"，让自己人提前下单从而点燃整个现场的氛围，其他顾客看到第一个下单的人获得了更大的优惠，自然会纷纷跟进。对于这种欺骗顾客的做法我是不赞成的，加快顾客下单速度、让顾客现在就买没你想的那么难，"限时抢购""每天购买前 20 名加赠礼品""劲爆特价限量"这三个活动都可以加速顾客的购买。

一般促销会有几大类型，比如：

本品买赠：此类促销方式是一种最基本的促销手段，如本品采取五赠一、十赠三等活动方式。往往产品动销力越弱，促销的力度越大。本品促销一般是厂家针对非畅销但主推的产品，采取的一种压货方式，来加大终端对产品的进货。现实营销中，终端的进货数量往往成为厂家推广产品的主要考核指标。这种促销手段，方式单一，容易折价，一旦终端动销慢，容易出现低价甩货的行为，扰乱产品价格体系，缩短产品生命周期。采取这种手段的前提是：产品有强大的推广支持，保证终端的分流速度，同时严格把控终端，对于终端售点根据促销明细表进行套数限制，杜绝将产品直接促死。

产品搭赠：一般采取畅销产品搭赠滞销产品，或赠畅销品搭赠新产品。主要目的是在不影响畅销产品销售的同时，保证滞销品或新产品容易被终端网点接受，减少终端铺货的难度，同时促进终端对新产品或滞销品的推广。此种情况，一般是畅销产品消费者自点费非常高，品牌在当地的影响力很高，否则终端不会接受滞销性的产品或新产品，给自己增加进货的压力或者销售压力。

产品组合促销：产品组合促销一般是根据市场需求与企业目的相结合促销形式。如某饮料主流的消费价位基本上聚焦在3元、4元、5元几个价格带。企业3元价位产品相对强势，市场需求量大，但企业现在想价格带升级，品牌升级，又不能因为价格升级而过分影响产品销量。而采取3元品项占分销比的50%左右，4元占比5%左右，5元占比20%。3元的品项不会给厂家带来更多的毛利点，但可以产生销量与打击竞品，4元、5元产品才是企业真正的推广重点。

实物赠送：频繁的产品促销，容易使终端感觉到乏味，厂家可在保证渠道促销空间基础上适当地改变促销方式。如买10件新品赠送空调被一件，或一次性进货50件送手机一部，或者累计销售达一定数量赠三轮车一辆。

现金返还：现金返还的方式，是最吸引终端的促销手段。一般采取一次性进货5件的情况下，在现有的货款上直接进行100元现金返还。此种促销不宜采取在单品组合促销上，否则将导致部分终端直接将零售价格拉低，影响产品的进一步销售。

砸金蛋抽奖促销法：这是一种非常实用的活动方法，这样的活动比较有互动性、娱乐性以及神秘感，能够吸引很多的人气，让大家在轻松愉快的同时提高促销的成交量，也大大提升了品牌或者店铺的知名度，从而形成更加显著的后续营销效果。比如可以在前来购物的人中发放一些砸金蛋活动邀请函，印发一些传单宣传，每个人都可以来砸金蛋。同时，可以利用这个机会做促销打折活动，推出一些具有诱惑性的商品或者价格，势必起到事半功倍的效果。

无论哪种方法，促销要将一个潜在顾客的购买行为分解为进门、关注、购买三个阶段，最佳的促销策略应该分别从这三个阶段来提升购买总量，并且能找到促销的投入成本和为吸引顾客而损失的利润与最终收益之间的最佳平衡点。在达到成本制约和市场疲惫前，推广促销是一种较好的选择。降价促销几乎没有预备成本，但在促进顾客关注和购买的另一方面降低了客单价，因此只有在商品价格具有较大的利润空间时才能获得高收益；赠送礼品不降低客单价，但是需要较大的立即成本投入；代金券则是一种既能提高客单价又能增加关注和购买的较理想的让利促销方式。

总之，作为吸引客流的一种营销手段，促销也需要提前做足功课。

2.倍销带来循环

促销做足功课以后，如何让业绩翻倍，并且能够循环下去，是所有营销人想要解决的问题。营销人追求的更高目标，就是达到倍销，并且能够持续循环。

如何让顾客在购买产品后实现产品推荐？

如何让顾客变成代理商或投资你？

如何从一个店变成 N 个店？

如何从几个人的销售团队变成一群人的销售团队？

如何裂变销售额？如何裂变团队？

以倍数增长的秘诀又是什么？

以上这些，是我多年做销售培训以来，管理者们向我反映最多的问题。尤其是近几年，受行业内外环境的影响，这些问题愈加突出。如何应对和解决，就成为各个品牌管理者最为头疼的事情。同时，解决好以上问题才能实现真正的"倍销"，从而形成不断的循环状态。

我认为，要想解决以上问题，不妨从以下几点入手：

第一，营销要接触能够做决策的人。

所谓决策者，要么是你的产品主要使用者，要么是将向你付钱的人。你要做的是研究过去购买过你的产品（或类似产品）的人的背景。将你未来营销目标放在那些有类似背景的人身上。这样做的好处在于，因为他们是进行决策之人，值得你花费额外的努力直接与他们建立联系。如果你发现你总是被挡在门外，继续尝试下一条线索。

每个销售时间是有限的，不要将时间浪费在给那些无权购买的人打电话。尝试直接和你真正需要进行对话的人建立联系，会节省更多的时间和努力。

第二，产品尽量卖给大买主。

所谓大买主就是一家足够大的公司，它肯定有购买你的产品所需的资金，不会对他们的财务带来任何压力。销售能做的是在你给公司打电话之前，利用互联网研究一下该公司，并确认他们对购买你的产品实力足够雄厚，资金足够充裕。经验证明，和小买主做成一笔小买卖比和大买主做成一笔大买卖要花费更多的时间。因为你每天投入到销售中的时间是有限的，设法做成几笔大买卖比追求一百次小生意要更好。

第三，利用更多转介绍。

前面我也提到了，转介绍是指现有的客户或同事向潜在客户推荐你。销售要做的是当你确认客户对你和你的产品表示喜欢时，要求该客户联系可能也需要你服务的人。当你遇到转介绍的销售情形时，该潜在客户认为是自己认识的人介绍的。因此，你已经被"审查"作为值得信赖的人，并且不是在浪费他们的时间。因为客户信任你，获得你需要用来确认线索是有价值的信息就更容易。你最终节省了虚假机会的时间，而在将真正的机会发展为销售上有更多的时间。但需要注意的是，尽量让喜欢你的客户去转介绍，不要贪多，要追求高黏度的客户。如果对方不是100%地信任你，他为什么要把自己和你绑在一起呢？

第四，让客户感觉价格便宜。

其实客户购买产品跟我们找男女朋友是一样的，表面是买产品，其实买的不仅是产品，更多的是一种感觉！人们更愿意去相信自己的感觉！

如果客户感觉产品好，那产品就是好，如果客户感觉这产品便宜，那就是真的便宜！因为客户大部分是外行人，根本不知道产品的底价，所以都是用自己的经验总结或者从亲朋好友的砍价方法去砍价，直到价格感觉便宜了就买了。

想要让客户对产品有感觉，同时在价格上也感觉占了便宜，那么报价就是一个非常关键的技巧。

首先，一次比一次的报价幅度要低（让客户感觉价格想要再低是不大可能了）。

其次，一次比一次的报价时间要长（让客户感觉价格想要再便宜是越来越困难了）。

再次，申请价格的时候不能在客户的可视范围内（如果你就在客户的旁边用计算机报价，会让客户感觉原来价格打折是如此的轻易，客户自然希望价格更低，得寸进尺。永远记住：越是容易得到的东西就越是不珍惜，决不能轻易一下子就满足客户心里的价格）；

最后，报活动价格之前一定要先报标价，因为这样可以让客户自然而然对比标价省了多少钱，可以更快地感觉便宜，否则客户连原价多少都不知道，如何得知你这次活动价格的力度？

在价格上留住客户仅仅是实现了第一步，如果想让倍销带来循环，就要做到让客户持续不断地购买，并带来更多的回头客。那么，跟踪回访，就非常重要了。

我们希望他们回购，更希望他们帮我们介绍顾客。所以，3天跟踪必须到位，货从你手上到顾客手上，最快速度配合顾客了解产品很重要。足够了解在用的过程中发现问题，顾客才不会怀疑你的产品有问题，才会持续用，最后才会有效果。成交前期的价值给予，包括产品专业知识，怎么卖，怎么售后……一系列问题的解决，成交前就得做好。成交后的3天适应跟踪，持续专业培训，定期的扶持回访，售后的指导，一样不能少。

3.狂销带来持续

做过销售的人都知道，客户的性格千差万别，交易的环境变幻无穷，沟通的深度及最佳时机更实属难求……相较以前，客户掌握的信息越来越多，谈判水平也逐日提高，因此销售成交的难度系数越来越高。于是，很多业务员开始诉说销售很难，成交更难！其实成交高手都是人性高手，懂人的人才能签大单，不懂人就不知道人的需求，因此就很难成交客户。

想要让业绩暴涨，实现狂销并带来持续，还要分析市场环境。传统的销售赢的是人流量，是吆喝，是宣传，而随着互联网和移动互联网时代的到来，店比人多，想凭之前的打法让客户进店买东西显然已经落伍。

之前你的店是固定的，要买东西，必须人到你店来，所以店主都会把店开在旺铺区。人流只能基于线下本身，只能基于周边几公里左右。远的用户就去不了，老客户回店成本也很高，不会没事就往店里跑。对实体店而言，让客户回店的推广手段也非常有限，也就发发传单、搞搞促销活动。发传单，客户接了随手就扔垃圾桶了，你连个促销的信息都通知不到客户，客户都不知道你在搞活动，生意怎么能好呢？

现如今，线上店有非常多的推广手段，简单的发朋友圈，发到群里，在公众号打广告，还有微博今日头条快手直播等，让客户随时随地都能看到广告，从而产生购买欲望。

更重要的是，他们没区域限制。客户看到就能买，二次返店成本很低，但如果是实体店，客户看到广告，还要找你的店在哪里，然后再开车过去，这个成本就非常高了，高到客户都不想去买了。淘宝、京东、微商，那么方便，还能送货上门，干嘛要千里迢迢地跑去实体店呢？

所以，销售布局，营销策略，首先思路非常重要，随着线上线下的融合，新的打法不但需要实体店的体验，还要加上线上的宣传推广，这样才能实现业绩翻番，达到狂销境界。

如果你的客户不用到店，就可以查看到店内的新品或优惠活动，或线上预约的时候，你就已经开始转型新零售了。所谓全渠道、新零售也就是说，线下有店，线上也有店，线上线下结合是根本。

线上与线下的完全融合和打通能真正获得这样一种顺畅、方便、快捷的体验，而这种体验将会直接影响用户能够真正接受这样一种线上和线下融合的模式，直接决定着互联网的这一转型能否最终获得成功。

线下做体验店，线上做平台。在这方面，家电行业和餐饮业已经做得比较成熟了，比如苏宁、国美。

对消费者来说，无论是从实体店还是网店，没有什么本质区别，他们在意的是如何更加快速便利地获得自己需要的产品与服务。比如，相比大陆，中国台湾地区的便利店十分发达，学校、医院、地铁、写字楼，就连阿里山上都有便利店，都市里几乎不出百米必遇便利店；从一日三餐到现煮咖啡、鲜切水果、电池、手机卡、油盐酱醋等一应俱全；同时便利店还是人们的小型办公室，复印、邮寄、缴费、买火车票，都可以在便利店内完成。结果，台湾地区一直没有成为电商发达的地带。

这说明，消费者在意的并不是从什么渠道购物，也不是你的渠道是否采用了新兴技术，他们最在意的还是渠道是否便利。

忘掉"电商"与"店商"的差别，尽一切可能让消费者便利，你就是赢家。

实际上，不管是京东与遍布全国的便利店品牌商实施联动，还是马云牵手银泰百货董事长，以及被吵得沸沸扬扬的传统品牌O2O化，核心在于：单一渠道一统天下的时代早已过去，如何充分利用全渠道策略，为消费者提供最佳服务，才是当前的核心问题，也是销售能否持续下去的根本动力。

五、促销之活动
——让顾客心动而新颖

1.促销活动紧跟消费者

经销商经常陷于这样的苦恼当中：精心策划的促销方案，消费者不买账。一场完美的促销活动，最终是要与消费者达成共识。但为什么许多看似热闹非凡的促销最后却成了商家的独角戏？最主要原因是对消费者认知不足。换句话说，依然没有从消费者的角度思考。

经营者试图了解过消费者吗？消费者的购物行为是一门复杂的学问，有时消费者自己也说不清他们为什么本想购买 A 产品，最后却买了 B 产品，在下定购买决心的一刻，到底发生了哪些心理反应，最终起了决定性的作用。

促销实质上是一种沟通活动，即卖方向买方发出作为刺激消费的各种信息，把信息传递到一个或更多的目标对象，以影响其态度和行为。换言之，促销就是指在一特定的时间内，把产品或服务以及与之相关的有吸引力、说服力的能唤起购买欲望的信息，告知目标顾客群，提供给顾客一种激励，以期促成购买行为的市场营销活动。

促销活动要有足够吸引力，来鼓励消费者参与，要发展有新意的活动形式，同时有一个好的主题。主题是促销活动的灵魂及旗帜，要让消费者感到参与促销活动有趣味、好玩、有意义。如果仅仅是某些常规性的优惠及奖励，消费者不一定会有热情与兴趣参与。

研究那些成功促销案例，共同的特点是主题突出、形式新颖活泼，只有这样，才能从众多的促销活动中脱颖而出，激发消费者的热忱。当前促销活动同质化很严重，要制造差异，来建立本品牌的个性，从众多产品与品牌中"跳出来"，而发展好创意、好活动形式与有号召力的主题是唯一的办法。

市场营销学中有一个著名的爱德玛（AIDMA）法则，一个促销方案是否赢得消费者的芳心，要从消费者的购物心理讲起。

注意：Attention。一个促销方案如何能一下子抓住消费者的眼球，这需要技巧。早些年，在市场上经常有举着喇叭高喊"走过路过不要错过，瞧一瞧，看一看，这里抽大奖送首饰，不抽不买送鸡蛋……"明明是个套路，但能够快速引起注意，就会为下一步营销打下基础。

兴趣：Interest。促销方案需要在售卖现场引发消费者的兴趣，如果消费者熟视无睹，说明现场氛围渲染得不够好。经常听到有人说，明明不需要这种商品，到了现场还是莫名其妙地买了下来，这是受到了现场气氛的感发。可口可乐公司与迪士尼曾联合推出一个大规模的可口可乐"金盖"促销活动，让其消费者有机会抽中免费去香港迪士尼旅游大奖。结果，可口可乐系列产品在中国市场的销量出现了双位数的增长，伴随这种增长而来的也是可口可乐品牌形象的进一步强化，很自然的，人们能够从迪士尼乐园感受到可口可乐品牌的"动感、激情与活力"。

需求：Desire。怎样唤起消费者的潜在需求呢？在推广食品类新品时，许多品牌喜欢采用试吃或试饮的方式，实践表明，这类活动确实能唤起消费者的购买欲望。消费者进行试吃与试饮，是一个面对面的沟通过程，通过味觉的感召，消费者更容易下定购买决心。

记忆：Memory。好的促销方案，将给消费者留下深刻印象。就算当时没有购买，过后他需要时，可能会凭着良好的"记忆"再次光临。中国著名的保健品品牌——脑白金曾推出"脑白金里有金砖"的促销活动。在这个活动中，脑白金用金砖作为礼品，极大地吸引了消费者的眼球。同时，用金砖的价值提升了脑白金产品的价值。可以说是一个出色的促销活动的范例。

行动：Action。这是促销活动的目标。只有消费者有了购买行为，才能证明这个方案得到了认可。在促销现场，经常发现顾客犹豫不决，产生的原因大约有以下几点：一是商品紧缺，货量不足无法引发消费者的购买兴趣；二是品质得不到保证，有的商品以减量换价做促销，消费者识破后，大多不再去购买；三是以次充好。

通过爱德玛（AIDMA）法则，简单剖析了一个促销方案从引发消费者关注到实际购买的整个过程。可见，促销方案从有意向开始，到策划，再到实施，最后被消费者认可，这期间有许多环节要关注。不管怎样，一个好的方案最终要站在消费者角度制定和完善，一个孤芳自赏的方案总归不是好方案。

消费者参加促销活动的目的其实无非是三种需求：要省钱，要名，要趣味。三者存在很强的层次关系。消费者的视角如同一个"只要……就能……"的公式和假设。比如，遇到双 11：只要等着 11 日买东西，就可以半价；星光大道：只要报名唱歌，就可能出名……十分遗憾的是，很少有促销活动让消费者进入"自我实现"的最高层次。更遗憾的是，现在绝大多数促销活动，都停留在物质层面的底层需求上。

当我们把自己的角度转换成消费者时，我们看到一个活动，常常会问自己三个问题：我要做什么？有什么好处？怎么做？

做什么？就是消费者需要做的事情，而促销活动就要考虑，如何让消费者不仅仅是"买"，而是"多买"。

有什么好处？就是消费者因此获得的利益。比如便宜一点，比如可以获得赠品之类的。

怎么做？就是消费者具体做的步骤。如果多买，那就告诉他，怎么多买；如果是抽奖，那就把抽奖按钮递给他。消费者有这个疑问时，就一定是对这个活动本身有极大兴趣时。当然，怎么做的事情太复杂，也会导致消费者退缩，所以，怎么做要越简单越好，至少是看上去简单。

这三个问题的关系：递进。也就是说，消费者不可能先弄明白怎么做，然后才弄清楚要干什么。真正的接受过程，是一个一个来的。所以，促销活动要做得有声有色，就要从消费者角度思考。同时，要记住一条促销原则：顾客因便宜而购买，因产品超值而信任，因气氛而决定购买。

2.买多少送多少模式

经常看到商家打折促销活动中有买一百送一百，充五千送五千的。买多少送多少，乍一听这很普通，满大街到处都是买什么我送你什么，但你不知道这背后的玄机到底是什么。

一位做服装生意的学员向我咨询：老师，你能不能帮我梳理一下，如何把销售额提升起来？那我就问，你的服装是什么风格的？她说是韩版，说了一大堆怎么怎么好，然后我再问她，你是生产的还是批发的？她说是做门店零售，在市中心一天平均做 2000 元销售额，一年无非也就 80 万元。

我们想一下，年销售 80 万元，除去员工工资、房租、压货等运营成本，一年赚的钱微乎其微，甚至是亏钱。我给她出了一个方案：买多少送多少。

她就问了，怎么送，我送不起啊。我跟她说买多少送多少，无非就是打个五折，平常你打五折三折人家都不合意。

仔细来想象一下：假设你身上穿的这件衣服是 500 元，那你购买这件衣服的时候，是不是和销售员还价也还不了多少，打折无非打个 8 折 9 折。现在你身上穿的这件衣服价值是 500 元，不和销售人员还价，也不打折。你只要付这 500 元，这件衣服你拿走，再送你一张券或卡里面还有 500 元，你买不买？很多人会买。那你下次购买衣服的时候首先想到的还是去这家买，因为手里的卡有 500 元可以消费呀。

她用这个方法促销一个月，每天卖出去是 200 件，每件 500 元。每天的现金流将近 10 万元。过了一个月，她又给我打电话：老师，我现在钱是进来了，那下半年我该怎么办。我就问，那你有没有做数据？比如有多少人买的是 500 元的，有多人买的是 300 元的，有多少人买的是 200 元的，有多少人是重复消费的。把这个数据做出来。

过了一周，她做出的数据显示，70% 买 500 元，20% 买 300 元，10% 买 200 元，下一步她又分了夏天和冬天的衣服价格，把价格差定在 60 元。比如：夏天卖的是 200 元，现在要卖 260 元，300 元的就要卖 360 元，500 元的卖 560 元。

这就得出一个假设。假设客户有一张 500 元的卡，商家的衣服卖 560 元，那就要补 60 元进去。那么你充值 60 元，店里面再送你 60 元，那你卡里面现在是不是 620 元吗？你消费了 560 元，还剩下 60 元。就是消费者卡里面的钱永远不会花完。如果这个店的衣服质量很好，款式又多，价格差不多的话，还有钱在卡里面，下次一定还会再来。所以，这个买多少送多少的模式设计好，为商家带来了很多利润。

不少商家还是喜欢买赠的形式，因为这有利于维持现有的价格体系，避免降低品牌形象。这种买多少送多少的模式屡见不鲜。

比如，有一家公司宣传：买产品送等值车险，买手机送等值产品，买多少送多少：买 5000 元产品送 5000 元手机，买 5000 元手机送 5000 元保险！

当我们悟透了里面的核心，就会发现这种模式赚钱并不复杂。你会学到顶尖高手是怎么设计一个三方共赢的商业模式，他们敢买 5000 元送 5000 元 用的就是资源整合，通过打造一个平台，通过暴利产品的对接，从中赚取利润差。

这个公司整合了一些暴利行业的商家，比如旅游、酒店、娱乐、健身、培训、美容、婚纱、高档进口红酒、高档皮具、高档家居用品等，都是些暴利的产品。对于消费者来说，在其他的地方买也是买，但是在这个平台买能返现 18%（15% 是现金，3% 点券，点券可以兑换商城上的产品或者能兑换等价值的产品）。

假如我买 1 万元保险，还可以获得价值 1 万元的产品；买 5000 元的产品，还送 5000 元的手机。这个对消费者来说非常有吸引力啊！对于商家来说，我只要提供性价比高的产品，还可以现款结算，可以获得品牌知名度，而且多了一个销售渠道。通过这个平台，相当于在全国开了无数的分店，省了招商成本还有很多的营销推广的费用等，只需要补货就可以了。对于平台来说，看重的是日益增长的目标市场。

这样一来，看似简单的买赠模式，背后的盈利能力和资源整合却是相当可观的。

3.抵用券实现零成本营销

代金券是商家的一种优惠活动，可以在购物中抵扣同样等值的现金使用。我们常见的代金券技术，比如，会员领取一张代金券，转发朋友或朋友圈，朋友可领取一张，会员自己可再得一张。或者一个二维码上面有十一张代金券，会员可领取一张，把二维码转发朋友或朋友圈，朋友可领取一张，一共可送给十个朋友。简单来说，代金券就是商家为了产品销售而采取的一种内部优惠策略。比如，通过淘宝优惠券、天猫优惠券等形式，让少部分人先得到优惠带动销量。

现在的商家，尤其是网商，目的是为了让他们的产品在线上众多的商品中脱颖而出。依托互联网平台，可以说每个人都可以零成本拥有一个自己的网店。这样一来，价格战就不可避免了，谁的商品物美价廉必定会收获消费者的青睐。然而价格战也是最残酷的，很多小店都是在赔本赚吆喝，为的就是提高人气，提高店铺的知名度和曝光率。然而这是得不偿失的，盈利才能生存。那么抵用券是为了打破这一现象，从价格战中回归理性。一种新的圈粉方式，既可以留住粉丝，还可以提高购买率和曝光率。商家通过优惠券的形式，给自己店铺的粉丝更多的优惠，这样一来，商品销量上去了，人气自然也就上来了，走出刷单的噩梦，让整个网购平台圈回归理性。所以，用抵用券带客流要比单纯花钱找刷单来得更真实、更靠谱。

抵用券的使用范围非常广泛，小到修鞋的小店，大到网络巨头 BAT 都在使用。抵用券可以很好地起到以下几个作用：第一，可以用于商家快速拉来新用户；第二，促进新客户二次回购；第三，激活沉睡的用户；第四，深挖客户终身价值。第五，推荐公司内部新品。

线上玩代金券，玩得比较溜的公司，应当非滴滴出行公司莫属了，滴滴公司为了拉来新用户，开始给用户发代金券红包，直接补贴，这就是一种玩法。通过滴滴出租车，来解决车的问题；给出租车发补贴，来培养司机用户使用习惯；给用户发补贴，培养用户使用习惯。这是很显然的拉新玩法。

为了促进你二次使用，你只需要分享链接，还可以有红包，你的朋友也可以享受红包，这里更高明，既起到了拉新的作用，还能帮助用户二次使用。滴滴公司发现你长期不使用他的服务，它时不时地会给你发红包代金券，来激活沉睡的用户，让你继续使用滴滴公司的产品服务。同时滴滴公司也在不断挖掘客户的深度需求，不断地开发新品来满足客户需求，争取客户能够长期使用平台，提高用户黏度。关键你会发现，公司有了这么多用户，滴滴公司再次推出新品，就会大大地降低拉新用户的边际成本，只需要重复使用代金券功能即可。比如后来推出快车、专车、代驾新品，慢慢就会对原来使用出租车的用户，直接发快车、专车的代金券，把这些用户直接转嫁到公司新开发的产品上面，成本降低很多。

滴滴仅仅使用代金券就能够精妙地把营销工具、渠道、用户增长、用户活跃度、开新品倒流几大模块完美融合到了一起，真是妙不可言。

除了网上用这种抵用券，线下商家也用这招营销模式获得利润。我们看一个案例：

吴老板经营一家川菜馆，经营了有一年多的时间，店里的生意也还不错，但就是利润不多，一个月辛辛苦苦干下来也就和打工差不多，一个月就七八千元的纯收入。为了增加生意也经常做一些活动，做活动和大多数人一样，只限于打折优惠，最多就是碰上节假日做赠送之类的促销活动，可效果并不是太好，虽然生意好了点，但是利润并没有增加多少，这让他苦闷不已。直到一个星期的周末，吴老板带着自己的儿子去吃麦当劳，当他在麦当劳店点餐的时候，麦当劳的营销方式给了他一点灵感，让他找到了新的营销方法，那就是"打包销售"。那吴老板是如何利用"打包销售"增加利润的呢？

很简单，回到餐厅先修改菜单，不再是单项地列出菜品和菜价，而是增加了三页的套餐组合菜单，有个人套餐、两人套餐、家庭套餐、商务多人套餐，而且套餐的名字取得也挺有意思的，比如个人套餐叫"独闯江湖套餐（营养型）""单枪匹马套餐（快餐型）"；商务多人套餐叫"八仙过海（清淡型）""十全十美（女士型）"等，还根据养生原理搭配了一些养生型的套餐。通过套餐这种方式，无形之中就增加了部分客人的消费金额。

更有意思的是这些菜名都是通过互动的方式让顾客帮他取的。吴老板在自己的微信朋友圈推出了菜品征名的有奖活动：微信好友根据吴老板提供的每个套餐菜的种类、味型、特点、取名要求，给菜取名，当客户把名字发给自己的时候，再做一个投票的链接，然后让大家投票，根据投票的情况选择名字。奖品是这样设置的：

（1）采用奖（1名）：获得一次免餐权（消费金额200元以内），获得2次用餐免排队的特权，新品试吃权，获得终身用餐7折优惠；

（2）优秀奖（3名）：终身用餐享受7折优惠，获得2次用餐免排队的特权，新品试吃权；

（3）参与奖（若干名）：50元的抵用券；

（4）投票奖（若干名）：20元的抵用券。

通过这样的方式既可以给客户优惠，又可以发动顾客的智慧来给菜取名，增强了和粉丝的互动，同时还带动了一些新的客户来消费，非常成功地实现了客户引流，而且并没有花费太多成本。

所以，通过适当的方式调动客户的主动性和参与性，不但能成功实现客户引流，还能节约非常大的成本。

4.借势造势做噱头

百度上关于"借势营销"，解释如下："借势营销是将销售的目的隐藏于营销活动之中，将产品的推广融入一个消费者喜闻乐见的环境里，使消费者在这个环境中了解产品并接受产品的营销手段。具体表现为通过媒体博得消费者眼球，借助消费者自身的传播力、依靠轻松娱乐的方式等潜移默化地引导市场消费。换言之，便是通过顺势、造势、借势等方式，以求提高企业或产品的知名度、美誉度，树立良好的品牌形象，并最终促成产品或服务销售的营销策略。"知道了这些之后，我们同时也知道借势营销最大的特点是突发性、现象性。营销需要借势。一个刚成立的企业，一种刚上市的产品，知名度低，企业需要造借以提高知名度，以势为其鸣锣开道；一个实力雄厚的知名企业，一种名牌产品，虽然已有了一股势，仍需继续造借，以巩固市场，提高形象。这就是我们常见的造借营销。

借势营销要取得好结果，就必须善于借助各种互联网媒体：搜索引擎、社区论坛、微信、即时通信软件、电子商务平台等，只有当这些工具被有效利用了，品牌才能最大化地得到传播。但是传播的速度取决于"内容"，如果仅仅是一则秒杀的硬广告，那么相信很多网友都已经司空见惯、不屑一顾；如果是一则能够引起共鸣、极具娱乐效应的"软性广告"，那么情况则会大为不同。如之前王老吉借助汶川地震捐款一亿元，靠在论坛炒作话题卖断了货就是最好的例子，当互联网到处充斥着"封杀王老吉"的字眼时，说明"病毒"已迅速得到扩散。病毒营销与硬广告不同之处，就是它可以被受众主动、自发地传播，辐射的范围更广，可信度更高，所以企业一定要在时尚性、娱乐性、创意性三方面做足文章，才能实现造势码堆做噱头。

其中，利用热点事件炒作营销也是造势的一种。要想你的推广效果好，动脑子和用心是必须做到的。而且也要照顾到自己的产品和卖点，不能强行跟着去借势造势。

比如，杜蕾斯一直以来被誉为借势营销的榜样。2015 年，范冰冰发布和李晨的合照，一句"我们"在微博公开恋情，杜蕾斯在 9 分钟后就发图发声——"你们！！！！冰冰有李！！"微博转发量迅速飙至 3305 次。两个月后范冰冰接受采访直呼"杜蕾斯比较狠"。同样是在 2015 年 7 月 31 日 17 时 58 分，北京携手张家口获得 2022 年冬奥会举办权。1 分钟后，杜蕾斯官微做出反应：滑到家了。再次刷屏。

强大的杜蕾斯营销团队，不但会借势造势，更是借得非常巧妙。

强调一百遍，这是个既靠关键词又靠内容的时代，只有通过系列软文营销，这个效果才更赞。玩微信的人都知道，好的软文或者故事性的营销，人们更乐意看和分享转发。否则，即使因为你靠上了热点事件、活动和名人效应，点开你的关键字进去，里面空洞，也达不到宣传推广的目标，反而让人觉得这样的推广很明目张胆，且有些不地道。

所有的事情都讲究一个底线，不是所有的话题都适合追热点，不是所有的热点都可以消费，有些话题就不要轻易触碰。如政治话题、灾难话题等，这些话题公众情绪复杂，争议较大。如果轻易挑逗公众情绪，偷鸡不成反蚀把米倒也是小事，引火烧身搬石头砸脚就不好玩了，小聪明反而引来大麻烦。

除了造势，噱头营销做得好也非常考验营销者的水平。

意大利的菲尔·劳伦斯开办了一家七岁儿童商店，经营的商品全是七岁左右儿童吃、穿、看、玩的用品。商店规定，进店的顾客必须是七岁的儿童，大人进店必须有七岁儿童做伴，否则谢绝入内，即使是当地官员也不例外。商店的这一招不仅没有减少生意，反而有效地吸引了顾客。一些带着七岁儿童的家长进门，想看看里面到底"卖的什么药"；而一些身带其他年龄孩子的家长也谎称孩子只有七岁，进店选购商品，致使菲尔的生意越做越红火。后来，菲尔又开设了20多家类似的商店，如新婚青年商店、老年人商店、孕妇商店、妇女商店等。妇女商店，谢绝男顾客入内，因而使不少过路女性很感兴趣，少不得进店看一看。孕妇可以进妇女商店，但一般无孕妇女不得进孕妇商店。眼镜商店只接待戴眼镜的顾客，其他人只得望门兴叹。左撇子商店只提供各种左撇子专用商品，但绝不反对人们冒充左撇子进店。

这些限制顾客的做法，反而都起到了促进销售的效果。因此，营销需要找点噱头来满足人们的好奇心，最好还是自己独创的一种风格。

当然，一个有效的促销活动，并不仅仅是靠博人眼球的噱头和造势氛围就可以实现的。重要的是与开展促销过程中实施的每一个环节都分不开的。一个无序的促销实施过程，对促销活动的结果能造成30%的影响。

营销造势的关键是要根据自己产品的特色和个性，捕捉利用市场机会，及时精心策划出强有力的促销活动，使产品一问世就给用户以心理上的强烈冲击，进而形成鲜明、富有个性的印象。

营销造势的方式多种多样，不同的企业有不同的做法。有些实力强大的企业其自身的品牌等因素可说就是势，它推出新品或者搞一次新的营销活动，本身的存在就已成了一定的势，再加上着意营造的气氛，可以说它的造势比较容易，而且总是十分引人注目，十分强劲。

5.心思巧妙做宣传

现在的互联网，要比任何传统媒体强大。现实中一个从未让人熟知的商品，通过互联网，一夜之间就会被人所认识了解。企业传统营销模式已经在激烈竞争的战斗中显得越来越无力。网络营销具有传统营销无法比拟的优点，做好网络营销是企业未来的发展方向，不论大小企业还是网络电商，甚至是现在的微商，如果不能使自己的产品或服务战胜众多的竞争对手，脱颖而出，那么它注定要失败，何谈日后的发展？今天的信息社会是眼球经济，你的产品如果足以使顾客去关注、去看并能给人留下深刻的印象，肯定比不关注、没印象、不留意的产品的市场效益高。

而网络宣传也要心思巧妙做宣传，只有搞出点儿"动静"才能吸引眼球。

有一个不错的例子：

某国有一位学者，应邀去邻国讲学。他的一位做生意的朋友知道了，赶来央求他说："请你替我带一个雇员去吧，他在旅途中可以无微不至地照顾你。而且，你旅行的费用，也由我们公司供给。"学者怕这么优惠的条件藏着什么阴谋，他问道："你们的雇员跟我去做什么呢，不会是搞特务活动的吧？"朋友拍拍胸脯保证说："绝对不是，这和政治没有一丝一毫的关系，他只是去替我们公司做广告，推销商品。"于是那位学者答应了。那位雇员一路上照顾学者，饮食起居，料理得十分妥当。而他自己，倒只带了一只分量不重的皮箱，据说里面装的就是商品广告。他只要把这些广告散发掉，任务就算完成了。学者刚开始挺高兴、愉快的，但一到达邻国，刚走出机舱，学者就开始吃惊，继而觉得难堪，然后是尴尬、气恼、愤怒，直到最后，终于无可奈何，只得忍气吞声。

原来，雇员带来的那只箱子里，装满了无数没有充气的塑料泡。只要把塑料泡吹起来了，那泡面上就是一幅幅商品广告。雇员的任务，就是要把这塑料泡一一吹胀了送人。为了吸引观众，规定不用气筒打气，一律靠嘴巴吹。

一出机舱，面对欢迎学者的队伍，他就吹起了泡泡。坐汽车赶路他吹；住旅馆之后他就在旅馆门口吹；同学者进餐就在餐厅吹；学者去讲演他就在讲堂外面吹。他营造的效果欢快而热烈，把神圣的讲坛都冷落了。学者一再干预，他全不理睬。学者毫无办法，只好说："你何必跟着我呢？可以到别的地方去吹嘛！"

"合同上规定要跟着你的呀！"

"为什么？"

"你是学者，跟着你吹，容易使人相信，效果特好。"

于是学者默然。原来他自己也成了广告的一部分，而且主角竟还不是他，是那个吹泡泡的，他还不及吹泡泡的呢！

在创意和花心思营销方面，还有一个案例也值得参考：

索尼公司想在美国市场宣传自己的质量观和服务意识，便精心策划了一次营销造势。

有一名美国游客在东京一家百货公司买了一台索尼录像机，回去后发现包装箱漏装了零件。翌日，她正准备前往公司交涉，公司已先她一步打电话来道歉。50 分钟后，公司副经理等人登门鞠躬致歉，除送来一台合格的录像机外，还加送蛋糕一盒、毛巾一套和著名唱片一张。副经理还特意告诉她，公司在太平洋彼岸共打了 35 个紧急电话才找到这位游客。这件事很快就由报纸披露了出来。为了一台漏装零件的录像机，又是打越洋电话找游客，又是经理亲自登门道歉且赠送礼物，如此谦恭有礼，殷勤备至，不仅其费用早已远远超过一台录像机的价值，也说明了索尼公司对待质量和顾客的态度。这实际上是索尼公司在录像机出问题后，特意做出的一种高姿态，有心炮制的一则新闻，经报纸等媒体的宣传，其造成的轰动效应及巨大的社会效益所带来的经济效益，又岂是公司花上成千上万的广告费能得来的？

花心思做营销是一个战役的第一炮，这一炮能否打响，对整个战役影响极大。在进行营销策划时，一定要考虑到产品及企业的特点，策划出有特色的营销战例，为整个营销战役的胜利奠定基础。

6.会送、敢送、妙送

促销有一个最大的点就是给顾客赠品，这也是一门学问。如果商家选一些滞销产品赠送，事实上顾客对此并不"感冒"，甚至有的顾客还不愿意要，这样就颇为尴尬。比如，我们常见大街上很多人派传单，却没有几个人认真看，还有更多的连接都不想接。而还有一类发传单的人，就比较会送。夏天的时候把广告印在扇子上发送，市场门口把广告印在购物袋子上，这样人们愿意要的就多了。

所以，当确定了营销的种类之后，接下来要考虑的问题就是如何把赠品送到消费者手里，也就是赠品营销的赠送形式选择。对于赠品这个营销方式，小到快餐店的免费萝卜干、辣椒酱，大到海底捞的免费眼镜布、发圈，都是在顾客心中刷好感度。

那么，赠品怎么送或者送什么，既不增加成本又能赢得顾客好感呢？礼品要送得"巧妙"，关键是会送、敢送、妙送。

比如，有的商家经常用"打一折"让利，也是赠送的一种，很多人会觉得荒谬，甚至在想你是不是傻了？这样你不是亏大了吗？还赚什么钱？但是，这个看似很傻的营销手段，却一度创造了营销奇迹。首创"打一折"营销方法的是日本的一家银座绅士西装店，他们当时销售的商品是

"日本 GOOD"。他们的销售计划如下：

第一天打 9 折，第二条打 8 折，第三天、第四天打 7 折，第五天、第六天打 6 折，第七天、第八天打 5 折……第十五天、第十六天打 1 折。

按常理来说，消费者最明智的选择就是在最后两天来购买商品。但是，商家的预测是：看似要亏本的销售策略会引人注意，且加大前期的舆论宣传效果。抱着猎奇的心态，顾客们将蜂拥而至。当然，顾客可以在这打折销售期间随意选定购物的日子，如果你想要以最便宜的价钱购买，那么你在最后的那两天去买就行了，但是，你想买的东西不一定会留到最后那两天。

实际状况是：第一天，前来的客人并不多，来的多半是看看，一会儿就走了。从第三天起，就开始一群一群地光临。到第五天打 6 折时，客人就像洪水般涌来开始抢购。以后就连日客人爆满。当然等不到打 1 折，商品就全部卖完了。

那么商家最后亏本了吗？当然没有。为了避免喜爱的物品被抢购一空，在到了比预期价格更低的时候，顾客就会开始购买，而这个价格商家也获得了预期的利润和大量的销售额。

这就是会送，表面上客户以为占了便宜，实际是商家赚嗨了。

还有一家汽车销售公司，做出宣传，买豪车送名犬，这就是典型的敢送。普通的商家去哪里找名犬？说明这家公司不但宣传做得好，也有送的实力。

除了会送、敢送，送得巧妙也很关键。

日本西餐厅 Casita 需要提前一个月预定，但是每一个去吃饭的顾客都满意而归。除了出色贴心的服务，还有他们的私人定制。在餐巾上绣上顾客的名字。而对于生日或者求婚的顾客，则会贴心送上蛋糕，甚至摆放求婚横幅之类的。

此外，每桌顾客都会送上几个"幸运饼干"——签语饼，好玩的是每个饼都藏着不同的签语。"一笼小确幸"同样会利用签语饼制造这类型的惊喜。这类型的赠品，成本不高但是十分文艺，正符合年轻人的需求。

有人觉得，赠品可以随便找些便宜的商品来送，这是大错特错的，既达不到效果，甚至会适得其反。那么该如何选送赠品呢？

选送赠品莫随意。首先，一些商家至今还存在着对送赠品的误区，他们认为，我送赠品，是你在占我的便宜，我给你什么，你就要什么。而且也没有充分重视赠品的设计，千篇一律。其实，如果送不到顾客心坎里，顾客并不买账。其次，有的商家常常把赠品的价值故意夸大，在宣传上大做文章，"你敢买我就敢送""赠品震撼你的心"等，可是当顾客拿到赠品时就大失所望。比如，一个人买一件大衣1000元，老板说，再加200元送一件价值500元的红外线保暖衣，等客户回去一看，保暖衣也就值几十元，这样客户一定会暗骂商家黑心。最后，一些赠品尽量当场兑现，减少一些不必要的环节。当顾客兴冲冲去领取赠品时，还要排队等候，看着前面的长龙，一些顾客往往会中途走开，赠品不要也罢。尤其不要出现等顾客好不容易排到，赠品却发完了，给顾客造成被玩弄的感觉。

总之，商家在选送赠品时，要以真心、真情去感动顾客，才能赢得顾客的青睐与尊重。

六、促销之快消
——让产品说话才实在

1.产品是沟通的桥梁

互联网时代，有人过度追求标新立异，博人眼球；有人深信，广告就是产品，好产品不如好广告。导致中国市场出现偏离商业本质的现象——最大限度地压低成本，降低产品价格，拼命争抢所谓的营销高手，拼命做广告、搞促销、做推广，而对于产品和质量关注严重不足。

这是营销方面的一个误区。无论是找营销高手或拼命做广告，这都是在为产品卖向顾客手中做铺垫，而最终让顾客产生是否满意的心灵体验却是产品本身。只有产品好，顾客的体验好，顾客才会买账。因为，一个销售企业是无法直接见到客户，只有通过产品这个"桥梁"让顾客认可企业的文化价值和产品优劣。说到底，好产品才是营销的基础，尤其是快消品。

快消品属于高度同质化的产品，这种特点决定了快消品的竞争是品牌、通路、营销的全方位综合竞争，同时说明，快消品一旦具有了独特的产品卖点，就很容易获得市场先机。这也是快消品市场产品形态和概念层出不穷的重要原因。市场营销的本质还是产品的竞争或者说是消费者对产品体验的竞争。

快消品如果只是一味地模仿和跟随，我们就无法看到市场上丰富多彩的产品。产品力的提升并不一定是产品形态彻底的颠覆和创新，有时候，哪怕只是一点改变，就可以帮助产品获得巨大的市场空间。

比如我们常见的饼干，只不过变成了外来的"曲奇"，立刻就形成一个新的品类而成为成功的典范。还有茶和奶组合成奶茶就成为市场上的热门饮料。还有炒瓜子，改变一下制作方法成煮瓜子或焦糖瓜子，这不仅创造了瓜子的新品类，更给消费者更多的消费理由。这种靠产品力的提升创造蓝海的案例在快消品领域数不胜数，只要我们更多地关注消费者需求，总能够通过一点改变创造出自己的市场蓝海。

消费者面对成千上万种产品时，尽管嘴上不说，但是内心已经对每一个产品都进行了一次考察。例如可以通过视觉观察来评价产品最基本的特征（如颜色、大小、包装、款式等），或是通过以前对该产品的试用来评价产品最基本的性能（如安全性、耐用性、方便性等），或是通过自己与别人的使用经验来评价产品的优劣等。不管是哪一种考察情况，消费者的内心无不是希望自己能买到一个品质好的产品，优质产品也是影响消费者选择采购产品的因素之一。事实证明，滥竽充数的产品肯定走不了多远。

在消费者心目中对产品的认知分为以下几个层次：

第一个层次，产品品牌是个符号。消费者最初接触到的是产品形象，这种形象越有性格，特点越好。比如消费者来到麦当劳就餐时，店外和店内所及之处都清晰、醒目地印着黄色"M"符号。在消费者心中当想到或谈及麦当劳时，头脑中自然第一个就会想到它的形象符号"M"。

第二个层次，对于产品的联想。品牌所代表的是消费者所认知和赞同的某种价值观和心理认同情感趋向。品牌是连接企业和消费者情感的纽带，对竞争对手又是无形且具有杀伤力的武器。每个品牌都应该有与众不同的品牌内涵以及它所带给消费者的情感认同和偏好，使消费者在享受商品的同时，还能感受到品牌所赋予情感价值的体验。比如，常见的欧莱雅广告"你值得拥有"，这其中就会让顾客联想到一种自我价值和身份感的认同。

第三个层次，潜意识。潜意识是消费者内心对产品深层次的真实想法，也是在做消费者调研时最核心的部分。消费者在消费过程中不但追求生理的需求和满足，更多的是在追求心理上的需求，追求一种感觉、自身价值的认同。只有品牌才能赋予消费者需求被认同的心理满足。

我们只有了解了产品自身具备的能力，以及消费者对产品的认识度，才能更好地去给产品做品牌定位。

2.箱外促销帮产品说话

产品营销的过程无外乎是解决"很好卖"和"卖得好"这两个核心问题。"很好卖"是消费者对产品的接受程度，"卖得好"则是产品的利润空间情况。要想处理好这两个问题，就必须对产品进行各种形式的包装，也就是营销界常说的对产品进行"价值塑造"。价值塑造有两个目的：其一是把客户次要的需求表达成最主要的需求（必买品），如 iPhone 通过文化营销已经成为高端消费人士的必备品；其二是把客户不感兴趣的商品表达成具有购买欲望的商品，这个可以通过产品包装、文化、广告、理念、价值等方式进行塑造。

我们做营销常讲一个概念：让产品说话。其实，产品自然不会说话，但可以通过包装设计说话，一个好的产品往往从包装设计上就能辨别出来。它能从林林总总的商品中鹤立鸡群地跳出来与消费者的眼睛含情脉脉地进行交流。从此，找到好归宿，找到自己该去的地方。这就是箱外促销的策略。

快消品是终端销售型产品，带有很强的随机性，因此是否能够吸引消费者的眼球，是否能够体现品牌同消费者审美的契合，成为随机消费成败的重要因素。视觉力的提升不仅仅是包装视觉的创新，还包括包装形式的创新。

包装是建立产品与消费者亲和力的有力手段。在精神与物质极大丰富的今天，消费者越来越注重包装，对包装的期望值越来越高。

对于消费者而言，仅仅生产设计良好、功能优越的品牌包装已经不够了，那些能够与顾客进行交流，满足现代人热衷的娱乐性、个性、互动性方面需求的包装才是好包装。为此，企业在产品包装设计上开始追求包装的用户体验，希望能够给予包装使用者身心的快乐或者一种出人意料的触动，黏住爱尝鲜的消费者。

特别在高档包装和礼品包装行业，这种发展势头更加明显。从收货角度看，顾客希望打开包装后能看到完好无损产品的同时，包装看起来不是那么"破"，也就是说要有档次，最好能诠释品牌意义与品牌关系，让他们送人的时候比较有"面子"。

现在我们去超市买瓶饮料，也更倾向于那些包装唯美、文案精良的外包装产品。比如，味全系列、江小白系列、可口可乐系列，都是在包装上下足了工夫。

味全每日 C 产品让包装替恋爱的人表白。于是，在超市的货架上，我们能看到这样可以在瓶身上直接书写的味全每日 C——你不需要攒足勇气，你只要在合适的时间和场合给她这个果汁就好。除了表白，在送关心、送节日祝福、道歉等场景也很好用，这比当初宣告自己是"文艺青年"的可口可乐，往前走了那么一点点。而江小白的文案就更厉害了，江小白酒业创始人陶石泉，曾坦言在推出江小白系列白酒时，同行纷纷耻笑他，说白酒怎么能是这个样子呢？江小白做了一个创新和跨越，用一个卡通人物形象，代表当下热爱生活的文艺青年。并在线上推出表达瓶，做了一个动态的 H5 页面，每个人都可以把自己想说的话，写到酒瓶上，就像他们已经面世的那些酒瓶一样。一个有意思的小游戏，充分调动了产品的社交功能，把自己的产品作为一个载体，让粉丝们表达自己，随时随地凸显自己的个性。

这些都是箱外促销的典范，除了好产品自身具备能力之外，在产品外包装上动动心思，会起到事半功倍的效果。

3.打造产品差异化和特色化

什么是差异化？波特是这样说的：一个企业，不是简单地给出一个低价，如果能向买家提供有价值的独特性，那么它就和竞争对手形成了差异化。一旦你的差异化能为你的产品和服务带来更高的售价，那么你就拥有一个差异化竞争优势了。

差异化这个东西，在商业发达的今天看来，真是"只有想不到，没有做不到"。曾经牙膏就是牙膏，洗发水就是洗发水。今天，要领悟"差异化"的最绝妙的方法，就是去超市的牙膏货架前，花半小时细细地看一遍。就会发现牙膏有美白的、坚固牙周的、防敏的、防龋的；洗发水有控油的、去屑的、柔顺发质的……这就是产品差异化策略。

在产品打造特色方面，有两个企业值得营销人参考。第一个企业是哈根达斯。

"爱她，就带她去吃哈根达斯"，以爱情为营销密码的冰激凌，以其高价格、高品位取胜于市场，被称为冰淇淋中的劳斯莱斯。

哈根达斯的一份85克的冰激凌球价格高达34元，冰激凌套餐在80元以上，一般人均消费60~70元。恋爱中的男女，买不起高昂的礼物，但一定会去体验一次哈根达斯，这是表达爱最直接的一种方式，也是体验浪漫爱情的心灵旅程。一句有魔力的广告语，配合独特的定位，实现了比同行多出 30 倍的利润。

第二个企业是 ROSEONLY。

这是近几年兴起的玫瑰花专卖的网络平台，在 ROSEONLY 这个平台上，客户一生只能赠送玫瑰花给一个女生，以此表达坚贞不渝的爱情。很多女生都期待收到男朋友从 ROSEONLY 上面送来的花，其中不乏明星。

玫瑰花有多奇特？花七八十元钱，你随处都能买到 12 朵。然而，有一家公司卖的 12 朵玫瑰花你却要花 99 元钱才能买到，不仅消费者纷至沓来，这个买卖也成了热门话题。

如何做出差异化？其实就是创造新概念。产品还是那个产品，但概念已经不是那个概念。差异化营销，就是做概念营销。两个一样的产品，因为不同的概念而存在差异化。

只是，需要注意的是，虽然创新的形式可以灵活多变，内容可以精彩纷呈，但"以顾客为本"的宗旨不能动摇。否则，很容易走入"为求新而求新"的误区，与营销初衷南辕北辙。只有时刻秉承为顾客着想、让顾客满意的追求和诚意，差异化的道路才会越走越宽，"求新"的源泉才不会枯竭。

七、促销之联动
——让别人帮忙而借力

1.给别的商家送客户

随着跨界营销的火热，你想要的每一个客户，一定也要购买别人的产品和服务，比如餐饮店和KTV、足浴店顾客都可以互通。也就表明别人"鱼塘"里的"鱼"，有很高比例是你想要的"鱼"，他们也是你的潜在客户。你想要的每一条"鱼"，或者每一个潜在客户，都是别人"鱼塘"里的"鱼"。这样，就形成了一个营销的新契机，跟别人联动，借别人的力以及互相帮忙，达到更好的营销效果。

商场如战场，孤军奋战难免感觉草木皆兵，单打独斗总容易遭遇腹背受敌的窘境。多一个朋友总比多一个敌人好，彼此联盟才能让力量发挥到最大。

跟别的商家联合营销，成了很多企业热衷的营销模式。根据不同行业、不同产品、不同偏好的消费者之间所拥有的共性和联系，把一些原本毫不相干的元素进行融合、互相渗透，并赢得目标消费者的好感，使得各自的产品都能够得到最大化的营销。比如，可口可乐与麦当劳一直存在搭销关系。套餐中的可乐价格远远高于超市购买的可乐。我们在麦当劳买一杯可口可乐大概是6元，而如果我们去超市买一大瓶才6元，大家好好想想，难道我们能说麦当劳是骗子吗？为何明知道中间的价格有很大差异，仍然有许多用户愿意去买呢？这就是联合销售的秘密和魅力。

我们看一个给商家送客户的案例：

小王开一家小的广告公司，业务不大，但是接触的很多广告客户都是开店的老板，有饭店、有咖啡厅、有 KTV 等。小王为了提高自己的影响力，找到其中一个老板跟他说，张老板，你看我们广告公司有很多客户，他们也都是做老板的，我想把他们介绍给你，不知道张老板你是否感兴趣呀？

张老板说，那当然好，具体得怎么做呀？

小王说，这样吧，在你店里的收银台放一个小的广告牌，牌子上就写着我们公司的联盟机构，比如，小王广告公司贵宾客户服务联盟，然后，凡是持我的名片去你店里的客户，你都给一个优惠，你看怎么样？

张老板说，那敢情好啊！多谢王老板的支持啊！

小王说，你想不想把自己店的名字也做到那个告示牌上呢？你想不想让我那些客户，把他们店里的客户也推荐到你店里去消费呢？

张老板说，那肯定想啊！

小王说，那好办，只要你加入咱们的互推联盟，自然就得到其他店里推荐来的客户了，加入联盟现在只需要 500 元，我已经联合了 10 家店了。

张老板说，要是真能管用，5000 元也值，就怕大家都藏着掖着，不肯用心推啊！

小王说，大家互推，都不能没理由地白送给客户，那样客户不珍惜。比如，你可以搞一个消费抽奖的活动，抽到的就是联盟优惠卡，那个卡就是你的名片，这样，既给你引来了流量，也提高了其他店的影响力，客户就会感到，这个老板真有实力，名片到这个店也好使。更何况，还是以抽奖礼品的方式送给客户的，客户会更重视的。

张老板说，那我加入，希望我们都能生意兴隆！

小王最初是以帮助张老板带客户为诉求的，这里面小王没有什么付出就为自己的客户争取到了优惠，同时也真正帮助了张老板带客户。这就让原本是小王的事，变成了张老板的事，从此这就是和张老板利益相关的事情了。这是后面两人可以持续深入沟通的基础。然后，小王介绍了玩法，张老板顿时觉得如果真的能让那些人一起来帮自己带客户，那不是要赚翻了，于是内心的波澜开始翻卷了。最后，小王又讲到已经有 10 家店参与了，其实潜台词是，如果你不参加，那么你的竞争对手就会参加，那么你就会错过这个好机会。如此一来，小王成功整合了 10 多个商家，使他们彼此形成互推的局面，那么他也凭空创造出一个服务产品，既提高了自己的影响力，又增加了收入。

就商业联动本身，我们所见的失败案例也不少，往往由于联动的商家只关心自我，导致联动出现了实质上的联而不动。所以，对于商业联动，我认为，必须真正建立起紧密的关联关系，从根本上保证行动的一致性，这样方能取得最后的成功。所以，商业联动，真联才能赢长远，真动才能赢天下！

2.和别的商家一起赚

联动除了给别的商家送客户产生了联动效应之外，还有就是要搭在一起互通有无，共同赚取利润。

例如，可口可乐公司与希捷航空公司有过一次联动营销就是一个很成功的例子。该营销推出定制可口可乐就可以拿可乐当登机牌使用。首先他们在机场内设置售卖机，让乘客分享给好友定制的可乐瓶罐。同时，乘客自己也会收到一份可乐瓶罐，神奇的是，这款可乐竟然可以用来当登机牌使用。希捷航空也会在座位上为用户送上一份定制的可乐。可口可乐与航空公司看似两种风马牛不相及的事物，却上演了一场完美的搭销合作，实现了两种品牌间元素的交叉融合。这种联动营销需要我们突破传统的思维方式与营销模式，找到两个品牌当中的某个契合点。

再比如，一家瑜伽馆的创始人，以前是按月或者按天来收费，后来做了半年的瑜伽课程，把价格定为 880 元，把这 880 元做成了现金卡，规定半年内你随便来，不限次数，半年按 180 天来算，一天不到 5 块钱，一般在中国任何一个城市，瑜伽课程一天 5 块钱有没有可能？几乎没有对吧。依此类推，他们通过这种成交主张，找到自己的目标客户群，于是找各种可以合作的店铺（比如服装店、美容店、美甲店）谈合作，客户在他们店消费，瑜伽店承担 5 折的费用，客户手持这张卡可以到他们合作的店按 5 折消费。于是，通过那些服装店、美发店，在短期内吸引了不少客流量。客人来了以后，瑜伽提供免费的初级瑜伽课程，在免费体验的过程中又开拓了中期练习者和长期练习者。同时，这些忠实的客户也给其他合作店带去了利润，实现了真正的双赢效果。

时下这种销售模式在国内越来越被广泛重视和运用。首先，搭销是共生营销的一种形式，它是两个或者多个品牌处于平等的地位，互相推广，把整个市场做大，达到"1+1>2"的双赢局面。其次，采取这种销售方式的企业间往往具有互补性，可以带给消费者最大的利益回报。最后，提高企业的抗风险能力。通过合作共赢销售模式，企业之间可以分工协作，优势互补，形成大的虚拟组织模式，提高企业抗冲击的稳定性。

3.帮别的商家做宣传互动

联动营销也需要宣传，并且在宣传的过程中要尽可能地帮助和带动别的商家，起到借他山之石来攻玉的效果。

有一个美容院和酒店联动营销的案例。

美容院看中了酒店在城里有良好的名望和影响力，同时还可以分享其资源平台，吸纳新客源。而酒店看中的是美容院顾客群体中的一部分政府官员，以及双方合作后的宣传炒作。

其具体实施方案如下：

首先，VIP贵宾卡的互通：持美容院的VIP卡可在酒店里享受9折优惠，特价菜、包席和酒水除外；持酒店的VIP卡可在美容院享受8折优惠，特价项目和购买产品除外。VIP卡的互通搭建了双方最基本的资源平台。

其次，宣传推广方面："造势"有时候比做事更重要，尤其在同城，结盟对双方来说都是一个可以炒作的宣传热点，于是双方联手推出了一系列的宣传活动。由于费用共摊，效用共享，所以花费不多，而且好好地火了一把。这些活动包括：

（1）共同出资在电视台做了一个电视广告，发布结盟信息。

（2）双方在各自的门口都挂上了联盟企业的牌匾。

（3）印制了一批 DM 单，宣传双方为此次结盟活动而推出的一系列优惠活动，由酒店负责派专人在城里派发。

（4）酒店在门口广告栏中给美容院一个专栏，允许其建立美容专版，可以发布有关饮食与美容、保健与养生的知识软文，以及美容院的简介和动态信息等；作为回报，美容院在本院临街门面前为酒店也做了一个形象路牌广告。这样互为宣传窗口，扩大了宣传面，大大促进了客源之间的流动。

（5）美容院协助酒店创办了《健康美食》月报，倡导绿色美食，营养美食和健康美食。而在月报中，美容院专设的"饮食与美容"专家讲座栏目，则深受女性食客的欢迎，大大提高了双方的口碑。

再次，联合促销活动的推广：美容院和酒店开展了一系列的联合促销活动，如兑换券的互通使用。顾客凡在酒店消费 100 元，均可获赠美容院的 30 元美容现金券；同样在美容院消费 100 元，也可获赠酒店的 20 元现金券。双方为此制作了专门的现金兑换券，制定了详细的兑换制度。这样的促销活动让客人觉得新颖又实惠，双方都达到了促销目的。美容院一时间增加了不少新客人，而新客人在感受了美容院的服务后，很多都办了卡成了稳定顾客。而且，酒店在店内促销抽奖和老客户的答谢礼品中都使用了美容院的产品和服务，双方也是各得所需，酒店节约了成本，美容院也提高了销量，得到了客源。

类似的联动营销的案例还有很多。例如某地举办的"名媛时尚之夜"，活动的门票定价为 99 元，其中该经销商在会上当场赠送价值 200 元的产品和 100 多元的美容卡。之后经销商就开始谈联盟，也非常简单，告诉合作者本次活动能够给他们的会员顾客带来多大的惊喜，已经有多少行业顶尖的商户参加，能为他们的行业带来多少潜在的客源，等等，并尽量用数字化去分析和描述。结果各个商家不仅针对本次活动提供自己会员顾客的资料，还拿出最优惠措施和方案，交给举办者来推广组合。这其中有的赠物品，有的送优惠券和免费体验，不一而同。

接下来把这些商家的活动方案组合在一起，顾客花99元，除了可以得到该经销商提供的价值300多元的产品和服务，和观看省城来的歌舞表演，以及美容专家的保养护肤指导，还得到了一家本县最高档的专业影楼价值500元的摄影套餐，一家品牌服装专卖店价值200元代金券和服务，咖啡厅价值160元的咖啡，中国移动100元的充值话费，酒楼的价值88元的菜品，钻石专卖店的赠品和免费清洗服务，发艺造型店的一次免费化妆发艺造型，家居饰品的优惠卡，家电卖场赠送的护眼灯具，旅行社的会员折扣卡……全部算下来顾客得到的能够计算的利益折算现金会达到2000多元！这对顾客形成很大的吸引力。

剩下的工作就是让联盟的各商家向会员大力宣传活动，该经销商向目标顾客卖门票。由于准备充分，宣传到位，门票被抢购一空，光门票所得就抵消了几乎大部分的费用。加盟店会员一下子发展了几百名，产品的知名度在目标顾客中迅速提升，并在短时间内把销量迅速提升上去，用一个月的时间几乎走过了其他品牌几年的路程。其他的联盟者也各取所需，达到了自己一定的目的。

企业与企业之间的竞争，已经不单是产品的竞争，而是商业模式的竞争。不论卖产品还是做服务，你要考虑的是如何走在商业模式之前，做到创新和独辟蹊径。既要做到合作经营，又要关联商家达到顺销、搭销，同时，整合新的营销战术，才可以使企业运营之路越走越顺。

八、倍销转介绍
——顾客推荐动力体系

1.推荐产品有面子

做营销都明白，口碑是生命。而口碑的积累离不开老客户讲给新客户，新客户再变成老客户，这样才能让产品的知名度越传越大。这期间，老客户向新客户转介绍是最核心和关键的地方。

所谓转介绍，也就是口碑传播。首先是客户对你的服务或者产品非常满意，然后，他们会向自己的亲戚朋友介绍你的产品或者服务。由于是熟人介绍，你们彼此比较信任。这样，你的客户群就会变得更大了，你的效益就会更好。客户转介绍是客户开拓的最主要方法，具有耗时少、成功率高、成本低等优点，是销售人员最好用的优质客户扩展手段。转介绍是世界上最容易的销售方式，你必须让你的客户变成编外的销售人员。

营销中有一条黄金法则："开发一个新客户，不如维护一个老客户。"每成交一个老客户转介绍的难度是开发一位新客户的——1/5。这是一个令人震惊的数字，只因老顾客信用推荐，就可以帮我们减少获取信赖的时间与成本。口碑的力量，往往会带来连锁反应与利润成倍地增加。

在销售中老客户转介绍是一种省力、有效、快速建立客户信任的好方法，也是"一生二,二变四……"的连锁开发客户的方法之一。但也有销售人员不好意思让客户转介绍，或者让客户转介绍而客户并不情愿，因而有人就认为转介绍并不好用。

其实，转介绍是一个非常有效的方法，开发成本较低、效率高、建立信任关系快、沟通成本也低，但它有两个关键环节：

第一是客户愿意给你转介绍；

第二是转介绍如何做更有效的方法，而且没有前者就不会有后者。

有的销售店不但得不到转介绍，客户不到店、到店不消费现象也频繁。那么，为什么说会出现顾客不到店、到店不消费呢？就是源于他的信任度降低了，客户觉得已经在这里花冤枉钱了，就不想再把时间也浪费在店里面，所以就不来了，来了也不消费。店面的服务在下降，项目没有任何的效果，同时员工的态度不冷不热。掏钱的时候就服务得好，不掏钱的时候就冷冰冰的！所以服务质量在下降。另外，员工不断流失，新员工意识跟不上，也不够专业，这就是很多客户不到店消费的根本原因。如果老客户的信任度在降低，我们又如何让他能够给我们转介绍呢？那几乎是天方夜谭。所以，让客户首先对我们放心，产生信任度，然后有好感，他才可能带他的朋友过来。

那么在什么样的状态下，别人才会愿意给你转介绍呢？我想，首先是面子。假设一个人使用了你的产品，体验超值，那么他介绍给别人的时候也会有面子，说明自己眼光好用的东西也好。反之，如果产品不好，用户的体验糟糕，不骂你才怪，怎么可能自己打脸去帮你转介绍。

每个人都要面子，不会轻易抛出自己的观点，也不会轻易把朋友介绍给别人，因为怕被打击、被轻视或上当。所以，我们经常说的"卖好货，好好卖货"，你的产品必须要是"好货"，你才有可能做到"好好卖货"。如果你是做一锤子买卖，客户不骂死你就已经很不错了，还奢望他能帮你做转介绍，傻子也不会帮你的。这一点要牢记。

产品好客户才会转介绍，介绍了才有面子。

关于面子问题，有这么一类客户，他们很喜欢出风头，好表现自己，喜欢荣誉，那我们就抓住每次机会让他好好地表现一下自己，比如公司开产品说明会的时候，让他上台讲几句话，然后给他颁个荣誉奖等，多给他表现的机会，让他尽兴。但这种很忘我的客户是很少的，你如果遇到这种客户就太幸运了，这就是所谓的黄金客户。这类顾客更多的是被我们的服务打动，他在我们店铺感受到了尊崇感和存在感，他很希望他的朋友能看到他在这里所享受到的一切。因此，他带朋友到店铺的时候，一定要在他朋友面前，满足他的虚荣心，同时也不可怠慢他的朋友，给予更多的赞美，会促进他更愿意带朋友一起到店。

顾客愿意跟你转介绍的原因是因为他们认为自己的转介绍是有价值和意义的。比如：他们感觉这样做能够让他们的朋友从中得到好处，他们如果是对你个人或者你们的企业认可以后，他愿意帮助你支持你，他觉得他这样做能够对你或者你们的企业有价值！

在做任何营销推广的时候，都不要忘记邀请客户做转介绍。即使只有5%的客户响应，为你做转介绍，其结果依然是惊人的。同时你可以每年定期地对老客户表示感谢，然后邀请他参加你们的营销活动，给老客户以尊重和尊贵感，让他们无论在产品上还是在心理上都收获面子，他们就会为你转介绍。

2.推荐服务有收获

无利不起早用在转介绍上很贴切。如果老客户跟你没交情，替你转介绍新客户又没什么收获，谁还会去费口舌呢?

所以，推荐服务要有收获。

某品牌冰箱参加某地的家博会，系统地群发了近万条面向老客户与潜在意向客户的短信。我在为其做营销策划时，专门的加入了一句话："为了感谢您，我们特意给您一个特权，您可以把这条短信转发给您的两位朋友，他们凭短信就可享受 88 折优惠。"依然是一句话的事情，却带来比往常展会多出 27% 的利润。

有一类客户，感觉有收获，能得到好处才会主动去转介绍。比如吃回扣，给他提成、给优惠折扣等，我个人也非常喜欢这类客户，很直接地跟他谈怎么给他好处，只要你的条件让他满意，他在利益的诱惑下是很卖力地给你转介绍。其实现实中这类人很多，就怕他不和你明确提出来要好处，也不给你介绍新客户，有部分人会主动跟你提出要好处，那这就太好了，好好地把握，让他满意，这样你的工作就轻松多了。

以"高尔夫球场、健身中心"为例：

比如某高尔夫球场，只要你报名购买 10 节训练课程，就可以获得 4

张"免费练习券"，来分送给你想要带来俱乐部里打球的同伴、朋友。你的朋友可以凭此券和你一起来这里训练玩乐，也可以独自过来。结果是，在使用了这个推荐策略之后，这些使用"免费练习券"的顾客朋友当中，有 35% 的人会进行付费购买。这也说明了，人的信任需要第一次的沟通接触。所以，你最好在设计营销流程时，让客户先跟你建立关系，进行初次的了解。比如，先卖低价产品、免费体验等，对于客户来说这就是一种收获。

再以"按摩推拿、养生机构"为例：

比如做按摩推拿的，只要有顾客购买了"服务套餐"，就可以获得 3 张免费按摩的消费卡。顾客可以把卡片送给朋友或家人，如果其中一位使用免费消费卡的人，购买了服务，那么，推荐人也可以获得 1 次免费按摩。

开发新客户，服务老客户，既赢得了客户的青睐，更间接收获了转介绍的客户。每位同仁都要相信客户的潜力是无穷大的，只有提升自己的专业度，用心服务好每一位老客户，让老客户有收获感，才能以老客户带新客户的方式，将客户群扩大，将业务不断拓展。

3.推荐活动有优惠

在维护老客户方面，要主动出击，请求老客户介绍新客户。你为客户提供了满意的服务，又与客户经常保持联系，老客户就可能为你介绍新老客户。如果你能明确哪些老客户能为你提供客户，从而主动出击，请求老客户为你转介绍，你就会得到更多的转介绍客户。好服务是转介绍的起手招式，常联系是转介绍的进攻招式，主动出击则是转介绍的绝杀招式。比如，有活动的时候，要及时联系老客户，让老客户知道推荐活动能享受优惠。

比如，对客户设置诱因，可能是一个赠品，一次免费课程，一本免费电子书等。之所以老客户会分享，是因为他们希望我能够获益，同样希望推荐给他的朋友也获益。当我们的客户朋友转介绍了客户朋友，我们的开发成本是不是很少呢？几乎没有成本或者可以忽略不计。最核心的是这些被推荐、被分享而来的粉丝更加精准，这就是精准粉；更加活跃，这就是活粉。

又如，用赠积分卡、贵宾卡、会员卡等，用"优惠"服务留住顾客。在建立顾客档案的基础上，按照不同的顾客类别，可以设立并赠送积分卡、贵宾卡和会员卡等卡种。这些卡虽然形式不同，但起到的作用从根本上是一致的，即其能够给顾客带来尊贵感，并让顾客享受一定的优惠。

其实，很多时候，优惠当然也可以直接给予，而不通过卡来体现。但使用卡与否的区别在于给顾客带来的感觉不一样，使用卡会让顾客感觉自己享受到了一家正规品牌店铺的尊重，而不使卡，则会让顾客认为自己消费的是一家非常普通的店铺产品。

举例说明：

一家女性服装店，生意良好，每次客户结账买单后，服务员总会说：谢谢您，欢迎下次光临。这是一句礼貌用语，用久了，客户也免疫了。

有一次与老板聊天的过程，我建议他：能不能把这句话换掉？

老板说：换成什么？

我说：试试这一句：谢谢光临！也感谢你将会把我们店介绍给你的朋友！

老板沉思。

我接着说：当客户听完后，一定会说：好的。此时服务员再说：您的朋友来我们店，只要报上您的大名，即可享有 8 折优惠。老板决定让员工按这套方式执行。3 个月过后，业绩居然提升了 35%，如此疯狂有效！

我们来设想一下，假如你在两家不同的店买了两件衣服，其中一家邀请你介绍朋友，另外一家没有。此时你的朋友问你：去哪里买衣服好？你的大脑里是不是响起了那句"欢迎你介绍朋友到我们店里来"？

研究测试表明，很多客户大脑会不由自主地想起服务员的那句话，然后自然而然地推荐去那家购买。

同时，我们给予客户一个尊贵的特权：只要他的朋友报上他的大名，即可享有折扣与优惠。这样的特权让客户觉得有面子，有身份。

再比如：

一个客户在某个品牌的净水机做活动的时候，仅花了 2800 元购买到了市场价 3600 元的净水机，活动结束后恢复了原价。然后卖净水机的营销人员对客户进行回访，告诉客户现在净水机恢复原价 3600 元了。但是为了回馈老客户，只要推荐朋友过来购买，还可以享受 2800 元的超值优惠，如果他推荐的朋友在一个星期内购买的话，他和他的朋友都可以获得公司额外赠送的价值 500 元的超值大礼包。我们可以感受一下，当客户购买了净水机，在体验过程中，不论对产品还是售后都很满意，而且购买的还是优惠价，在市场恢复了原价后，他还可以享受一个优惠名额送人，本身就有一种优越感，而且还有双向礼品的刺激，诱惑力就非常大。

所以，不怕老客户不介绍，就看给他的优惠力度大不大，够不够诱惑，人对于让利和优惠往往都非常具有好感。

4.推荐商业有好处

客户帮你转介绍是不是真正能帮助朋友解决问题？如果不能，就实现不了共赢。朋友除了单纯购买外，没有优惠、没有额外的惊喜，或者并不需要产品，只是卖你面子，你还因此赚了佣金或优惠或折扣，一旦被客户知道你只是为了赚钱才向他推荐，这样当然会让你很尴尬。因此，客户也不会为你做转介绍这个动作。这点大家可以学习目前各电商平台拼购玩法的精髓，也就是介绍邀请别人下单可以一同享受优惠政策。同时，除了陌生人以外，朋友圈的转介绍，给客户的理由尽量不要使用给一方好处的方案，而忽略了双方的好处，当然严格上讲是要同时具备三方的好处，其中一方是商家本身，如果商家让利最终亏损，又不能带来后期收益，那么同样也不能长久生存！

分享下面这个案例，我们看看转介绍的商业思维：

一家台湾养虾饲料公司派业务员在东港、小琉球地区，卖养虾饲料给"养虾场"，每瓶1000元，但以前要经过"中间商"来开发客户，每瓶以700元低价卖给中间商，让中间商从中赚取300元利润，即30%利益。该饲料公司的老板请来营销顾问。这位顾问让他停止经由中间商发货，直接由业务员拜访"养虾场"。老板非常不解：东港、小琉球那一带虾场，可是很值钱的；如果没有经过中间商推介，他们绝对不敢换用别人的饲料。万一换用之后，虾死了，谁来负责？所以经由中间商推介，他们方敢尝试。但是那位顾问却坚持让他们放弃中间商，并让他们把目前已有客户的资料拿出来。资料显示仅有 3 位客户，其中有一位姓林的养虾场老板已经买了四瓶，这位林老板还总以"大客户"自居，经常要求饲料公司打折。营销顾问让饲料公司从这位林老板身上入手，换种思路来打开市场。他们拿出 1 万元钱，送给林老板，并跟他说："我们都知道台湾的农渔牧业很辛苦，忙过一阵子，就该喝酒轻松一下。这 1 万元让您办'炉主会'（台湾民俗是'庙会炉主'，要请客的。）您请客，我们出钱……"

林老板一听，他请客别人出费用自然很高兴。

这时候，饲料公司业务说："这 1 万元在东港可以办两桌。您要在哪一家餐厅，我帮您订酒席。两桌可以开 20 个客人名单，您赶快开出 20 家养虾场老板的姓名，我帮您送帖子。"

于是，很快这位林老板就把 20 位同行朋友请来聚会。在宴会上，饲料公司的业务员主动帮腔说话："唉哟！他养虾赚钱，当然是林老板请啦！"

"我们养得很累，还不赚钱，他是怎么赚钱的呢？"有别的虾场老板问。

"用我们公司的饲料呀！"

林老板因饲料公司的钱请客，立即帮忙："对、对，他们公司的饲料不错。"

就这样，风声外传。每买 4000 元送 1 万元酒席费，客人名单不可重叠。结果，一个月内，把东港、小琉球客户全数开发完毕。最后统计，市场开拓费才占 7%。经"中间商"要折损 30%，现在每 1 万元可以开发 20

家客户，而且以后"商品决不打折，持续购买"。所有客户都与公司业务员喝过酒，有了一定的良好关系，市场很牢固。

这个案例虽然过去了很多年，但其中的智慧，却还是让我们敬佩。小饲料公司的做法，本质上就是一种"转介绍"的策略。

所以，"转介绍"本质上就是对"人际圈"的利用。但在形式上，要表现出对"人际圈"的加强，这样，才会真正解除顾客的心障，从而由消极变积极，由冷淡变热情，并成为你的"免费业务员"。这实际上就是一种"从顾客角度看问题"的价值定位。因此，我们可以看出：想让顾客转介绍，就要把"商品信息"嵌入正常的人际交往行为之中，并让其从中得到好处。

九、倍销代理商
——顾客角色转换体系

1.从消费者到分享者

现在营销追求的不再是消费者能进店购买东西，更多的追求还在于消费者购买完以后把产品分享给更多的人，让别人也成为潜在的消费者。于是，只有达到"消费者——分享者——带来新的消费者——增加更多新的分享者"这一良性循环，产品才能越卖越好。

这也符合时下流行的"消费商"的提法。

消费商，顾名思义就是消费者和经营者双重身份，既是产品和服务的最终消费者，又是推广者和经销商。

举个简单的例子：你从外国买了一箱奶粉，你朋友觉得好，让你帮他买，作为回馈，他可能会多买一包送你，你获得收益。此时，你引导了消费，你的行为就是一个消费商的行为。当然，即使你没有获赠奶粉，消费商的行为也存在。慢慢地，找你代购奶粉的人越来越多，你干脆当起了代理商，一边消费，一边赚钱。从消费者升级为消费商，关键就在于是否能够从消费行为中获益。消费商模式，其实就是既是消费者又是分享者，是自用＋分享模式，将自己所用的产品或服务，分享给需要的人，从中获取利益。

所以，要重视普通顾客，因为人们更愿意相信普通人的使用感受，相信身边亲朋好友的推荐，没有什么比贴近生活的代言更加深入人心。

比如：雪佛兰公司采访了一个对雪佛兰汽车有极大热情和兴趣的普通人，过后，他们把采访录像发给参与者，没有要求他为雪佛兰做什么。一个普通人受到如此重视，自然是非常兴奋，于是他自发地把视频放到了不同的社交平台上，短时间内播放量就超过了12000次，不到一个月，他就在汽车迷圈子中积累不少名气，可想而知这对雪佛兰汽车的形象宣传有多大作用。

把你的客户变成你的粉丝和合作伙伴，从而替你的产品去现身说法，这将比请一个大牌明星更得人心，更能得到消费者的认同，对产品的体会也更直观和真实。

所以，维护客户变成伙伴关系，才是重中之重。

那么，怎么才能让客户变成粉丝或伙伴呢？要让你的客户爱上你，爱上你的产品，那么就要做超过客户预期的东西。网站应该专门为粉丝设计一个展示页，精心安排一些内容表现人们的满意感受、反馈，甚至包括一些短视频、粉丝的感谢信等。总之，让你的客户觉得自己被重视、被珍惜，购买你的产品会有一种优待感，产生一种在别的商家那里感受不到的优越感。

不要轻视设置粉丝展示页这个简单的动作，一个好的展示页，就如一张精心制作的名片，通过社交网络的不断分享和传播，人们会主动地来向你"要"名片，来了解你的品牌，这比你到处去打广告、发名片有效得多。好的展示页，顾客会自然而然帮你传播，这便是品牌传播渠道的一个有力延伸，是线下到线上的一个无缝对接。

想要让客户转化成粉丝，先了解客户转化过程：客户的发展路径基本是：潜客——新客——老客户——流失客户——忠诚客户——粉丝——分销商。

建议：第一，统计分析，了解客户回购周期、客单价、回购频次等信息，以便制定后期策略。第二，产品周期营销。分为购买期、使用期、结束期、重购期。在购买期做好体验服务，及时跟进客户，提醒客户二次回购或者给客户促销优惠等。第三，会员生命周期维护。这里大家做得比较多的应该是定期发朋友圈的分享和一些促销活动，给一些不了解系统的用户多了解的机会，看看别人是怎么发展起来的，客户之间还可以进行沟通交流，分享自己在运营系统的心得。

正如你看到朋友们传递某些产品的良好口碑一样，你会觉得他们很有说服力。那你的品牌口碑是怎么样的呢？值得人们去为你传播吗？在电子商务行业也存在各种各样的激励方法，比如说有帮助客户获取传播津贴的程序、折扣或者其他能够吸引到他们的奖励。

总之，消费者是想要从他们信任的企业那里购得值得信赖的产品。而你就是要像保姆一样服务好这些人，他们才能成为真正的分享者和传播者。

2.从买产品到卖产品

做零售或者推荐产品的时候，其实都面临着一个问题：如何才能更好地做好服务，让顾客从陌生变得熟悉，然后再不断地拉近两人的关系，从而让他对你产生信赖。不仅他自己在你这里购买产品，还会乐意推荐朋友来你这里购买产品，实现了从买产品到卖产品的转变。

在我看来，最牛的销售，不是自己去卖产品，而是顾客帮你去卖产品，金杯银杯不如顾客的口碑，让顾客不断走进你的店来消费，除了自己要做好拓客、纳客工作之外，还需要做好顾客工作，让顾客的口碑帮你宣传产品，利用顾客之间的口碑相传。消费者的防备心理，使得销售员一开口他就觉得你要骗他，朋友一句话，胜过销售十句话。

有一个在韩国留学的女孩。在韩国学会了化妆品销售技巧，回国以后凭着自己的化工专业，她开始创办了一个高端私人定制的化妆品品牌，从生产加工到销售一条龙服务的私人企业。最初，她花了很大的精力投入广告和推广，但两年下来，生意并没有想象的那么好。虽然她也建了不少 QQ 群，天涯社区也开帖，各种能网络粉丝的事情都积极去做。但依然没能收到很好的效果。当她开始接触微商的时候，她发现，移动互联网要比 PC 端淘宝这种销售更有黏性，她开始重新定位自己的社群。她发现，产品说得再响亮，广告打得再响，没有口碑宣传也起不了多大的作用。于是，她开始在周围拓展朋友，她分享的内容，给朋友们传递的都是正能量、积极的东西，慢慢地这类朋友跟她互动多了起来。后来，有几个她认为不错的人，做起了她的代理商，她进行统一培训。再后来，第一批做她代理商的朋友，成了区域代理，她的产品已经走向全国，而赢利则是以前的好几倍。她的社群靠的是朋友之间口口相传，以及共同的爱好和价值观。她社群里的人都是 25-35 岁之间的已婚女士和妈妈，在交流育儿心得和家庭纷争方面，互相都能产生共鸣。加上她们总会不定期举行线下沙龙、妈妈宝宝亲子活动日等。她的社群越做越好，黏性越来越大，直接带来的经济利益就是她的产品销量一直很稳定。

这个女孩最后并不仅仅是卖了自己的产品，由她带动的社群，一起组建了户外旅游驴友团、自驾团，其中参与社群的其他成员，有的卖鸭脖子，有的做亲子教育的，有了互动和熟识关系，其他人也都在社群里获利，形成了良性的生态圈，互惠互利。

这就是一个顾客从买产品到卖产品的真实案例。

我们都知道，是客户决定着销售的成功，不是销售人员决定销售的成功；在销售中，客户永远比销售的力量大。

销售人员不能死抱着自己产品不放，美其名曰技术销售。要能够真正理解客户、真正站在客户角度想问题，只有客户知道自己要什么。

考虑一切问题的起点，都必须是"以客户为中心"；考虑一切问题的终点，都必须是客户利益和如何取得双赢。否则，你没法理解客户，而客户又是决定销售的主导因素。你不理解他，就是鸡同鸭讲，销售就会变得困难重重。

思维方式的转变不是一瞬间的事情，更不是装模作样地问自己"我要是客户，我会怎么样做"之类的问题就可以的。它其实是一种思维习惯，一种时时刻刻都为客户着想的思维模式。这种思维模式要求你忘掉很多东西，你的产品、你的方案、你的认知甚至你推销的欲望。只有把这些东西彻底摆脱了，你才能真正找到客户想买的东西，而只有这种东西才能带你走向成功。

3.微商顾客链

做生意的人都知道，要想把生意做大做好需要两件事，一是开发新客户，二是维护老客户，而维护一个老客户要比开发一个新客户要重要得多！

对于微商来说，由于面临的客户都是"粉丝"，与一般客户又有点不同，如何留住这批粉丝，让其成为长期客户，对微商商家来说尤为重要。只有让粉丝变成死忠粉，才能形成微商坚实的顾客链。

微商的客户来源一般有以下几个方面：

第一，可以利用 QQ 群来为自己推广微信号从而使更多的人关注你的微信号，也可以直接在 QQ 群里推广自己的产品。

第二，可以编辑与产品相关或与该产品同一领域相关资料的信息，在题目上一定要突出产品系列的关键词，以方便引导客户搜索使用。待软文编辑好以后插入醒目的图片，以图文的方式发布在各个平台，如公众号、贴吧、媒体推广平台等。

第三，还可以采用二维码的方式，通过在各个平台发布后被百度收录，使大家扫二维码，就可直接关注公众号或是微信号，但首先得明确自己想要把客户吸引到哪儿。

第四，可以通过答题的方式推广自己，比如百度知道、悟空问答、知乎问答等平台，与此同时网名和头像一定要与产品相关并添加关键词，这样在答题的同时就会有潜在客户关注你，并私信要求加微信做微商或是购买产品。

有了粉丝只是第一步，能把粉丝持续留在自己的圈子里，并能产生不断的裂变才是微商经销之道。

对粉丝进行销售和服务，成功的也比较多，通过思想传播达到粉丝经济的模式，是当下的主流微营销模式。最典型的有逻辑思维、精英阅读、华人周刊、江小白等品牌。

随着微商的成熟，打造微商顾客链也较之前有了明显的不同，不要以为玩微商只是刷刷朋友圈，随便找个产品就能卖出去，微商发展到现在已经进入成熟期，人满为患，有技能爱学习、爱生活的人才能真正做好微商。只要你爱学习，敢于挑战自己，这条路的方向就是对的，拿个手机就能赚钱。找对平台，跟平台共同成长，不要把自己的朋友圈刷得像楼梯口的牛皮癣广告，而是我们想要看到你柴米油盐的生活，看到你鸡毛蒜皮的真实，看到你喜怒哀乐的痕迹，总之看到你的真实生活轨迹。展示了你是个有血有肉、热爱生活的人。我们可以相互评论打趣，我们可以相互分享心情，我们可以相互讽刺勉励，我们也可以点赞沉默。这才是微商的本来面貌。

好的平台产品首先是自己真正用了，而且用了非常好，对公司文化和产品特征等有个系统的了解。这个跟传统生意一样，你开个店，进的货你首先自己要了解，不然能好卖吗？就是卖出去了，口碑会好吗？回头客会来吗？好的东西再传播给我们的朋友，朋友用了也好，这样朋友带朋友，这才能体现微商的另外两个要素：体验和分享。

这也才能形成一个有效的链条，而不是今天加了你，明天就屏蔽你。同时，人脉不换，死粉不清，新的活粉不进，没新人关注你，顾客链也会断掉。不要以为加人只是新手微商要做的事情，其实只要你做微商，就得为自己的人脉圈不停地换新鲜血液，因为通讯录5000人，不可能让每个人都关注你、喜欢你，你就要在这中间定期清理那些不关注你的、从来不和你互动的人。当然如果你已经站在了一定的高度，那么每天来加你的人都会不断。你若盛开，蝴蝶自来；你若精彩，天自安排。

在做微商的时候，也不一定非要有太多的客户，只要将现有的粉丝、用户的关系做深，维系老客户，提升购买频率，就能够形成持续购买。这时候做人的关系是核心，维护老客户是核心，提升复购率是核心。

4.分销分享链

在网络高速发展的自媒体经济时代，人人都是手持话筒的记者。微信、微博、朋友圈、论坛随时随地评论着所有人所有事。私人化、平民化、自主化的广泛传播为企业打开了另一扇窗户，通过用户之间的口碑营销将产品分享。

传统商业在线下有什么样的营销模式，微商里面都可以复制拷贝。所以说，微商里面是有零售、批发、代理、三级分销、微电商甚至直销公司等多种多样的商业模式，非常正常。因为这些在传统线下营销模式已经存在多年，微商只不过利用了先进的移动社交网络作为营销工具而已，其最后的营销方法是互联网的微营销。

微信分销是一种建立在微信平台上的线上销售形式。它与传统微店的差别在于：不仅微店经营者将商品出售给消费者，消费者也通过微信关系链，将商品进一步推广。这里有两种代表性的分销模式：一是消费者作为分销员，帮助经营者联系买家，之后根据销售额提成获利，最终形成二层级的销售网络；二是经营者发展分销员，分销员发展下级分销员，每一层级都根据下级的销售额提成获利，最终形成一个多层级的树形销售网络。

微分销系统的分享是在实体购物分享的基础上实现的，打破了消费者与商家之间的信息不对称，让消费者之间的信息能够相通。有了别人的分享，在购买时也就有了选择倾向，至少在购买的时候，对这个产品的店家、质量、销售量、库存量等有所了解，这样的购物体验是非常好的。不要小瞧了分享力，它的引流能力能带来良好的销售，这也是口碑效应，口碑好了，自然知名度就高，消费者觉得这个产品体验好，分享给别人，你不仅能拿佣金，还购买了物品，两全其美。你分享得多，吸纳了更多粉丝，让这些粉丝成为你的分销商，你的下级分销商又进行分享，吸引他的分销商进行分享，这就是分享动力，能将销售队伍壮大，扩大销售。

在具体操作上，首先，零成本把客户变成合伙人和代理商，以优质的产品和完整的分销模式，吸引客户变成你的代理商，以客推客，降低代理商的入驻门槛，实现全民分销。

其次，商家可以利用微商商品分销系统统一管理下级代理或分销商，便于团队的考核，代理商优胜劣汰，会员精细化管理，店铺数据清晰明了，智能化的管理，让你省心省力且收益惊人，实现一月回款过百万的惊人收益。

再次，在微信平台全面支持下，分销系统帮你快速搭建微信商城，拓宽推广渠道，快速吸粉，降低运营成本，快速累积千万粉丝。

最后，迅速打造一支属于自己的十万分销大军，微商商品分销系统类目佣金、等级佣金、升级奖励等多层级分佣模式，灵活可控，激励代理商，打造最强分销团队。

某化妆品品牌进入市场化运作时间较短，市场认知度较低。虽然产品拥有良好的品质和口碑，但对于该品牌了解的消费者相对较少。该产品总部在上海，公司调查数据显示，在上海地区产品美誉度达70分，而知名度只有30分，这是与这几年发展的整体策略有关，市场投入相对较少。在有限的市场投入情况下，如何能够针对现阶段的发展产生最好的营销效果，经过多方咨询与沟通，他们采用了网络社区口碑营销的策略，借助互联网社区营销新媒介，展开迎合精准客户心理的营销策略，利用网络快速传播的特点，实现低成本的广泛传播效应。

该化妆品品牌选择了口碑网作为核心传播载体，以口碑社区营销传播中心，整合社区及线下高校资源，实现了线上线下互动整合营销。用户以年轻态人群为主，年龄层在20~30岁之间居多，品牌消费习惯不稳定，有较大的热情尝试新鲜品牌、新鲜产品，因此在社区还形成了特有的"小白鼠"氛围。

整个营销过程大致可分为：

第一个环节为免费申请品牌试用装。利用消费者的利益驱动和对新鲜事物的好奇心，为品牌造势、吸引眼球、聚集人气。事实上对于女性消费者而言，申请新品试用装的诱惑力还是比较大的，最重要的是她们会重新发现一个也许就存在她们周边的品牌，但她们从未有在专卖店里尝试过，这有很多心理因素。互联网却实现了很多新鲜的尝试，同时她们也会在这个过程中关注这个品牌，并了解其他消费者对该品牌的口碑评价，这个过程中使得品牌受到了极大的关注，抓住受众的眼球，其实已经成功了一部分。

第二个环节是收集申请者的数据资料（包括真实姓名、性别、住址、邮箱、电话、QQ、品牌消费习惯等信息），并向品牌进行反馈，以便数据挖掘。这个过程中充分利用了数据的资源，对这些潜在消费者进行电话营销，并且为每个潜在消费者邮寄了会员杂志，很多用户反馈该服务很贴心，使得消费者对这个化妆品品牌产生了好感。

第三个环节为网络整合营销传播。这个过程线上线下有着交叉互动的关系，包括高校人群的覆盖、短信平台的精准营销，都对整个事件的传播起到了极大的推广作用。

第四个环节为用户分享试用体验。以奖品为诱饵，吸引试用用户分享产品体验，引导消费者的正向口碑，提升了该产品在网络传播的知名度和美誉度。

只有搞明白分销分享，建立起这样一个分享链，才能形成更稳定的销售环节，形成具有黏性的社群关系。

5.社群关系链

个人关系链和社群，是社交网络中最为常见的两种形态。如果将这两种形态回想为社交网络中的两个典型场景，正是好友和群（及话题）。反映在产品上，一种是如微信、微博这种以用户个体为核心展开各种社交行为的产品；一种是如豆瓣、贴吧这种以圈子、话题为核心展开，基于话题、圈子获取信息，让自己找到感兴趣的人或事，从而更好地扩大生活圈的产品，也称为垂直社交产品。这将会是掀起下一波触发社交红利的主角。

社群不是指你的手机里有多少群，因为不是所有的群都能形成黏性，都能带来生意。比如，自己家人的群，公司同事的群，以及别的公司卖产品和服务把你拉进去的群，这种算不算社群？在我看来，都不能算严格意义上的群，或者应该叫没有互动的死群。因为，这种群你虽然进去了，但不知道怎么跟群里的人互动变成资源，久而久之群里就没人讲话变成死群了。所以，真正的社群并不是几个人建立起来，并非因一场活动或一款产品被硬性拉进群里的，而是基于兴趣、价值观、信仰而聚合在一起的。

兴趣社群更加注重群体的力量。以前的论坛、贴吧、豆瓣便是兴趣社群最好的载体，这些有共同兴趣、爱好、话题的人聚集在一起自由地交流，分享彼此对某一事物的看法，从而利用口碑效应，改变一批人的消费行为。

在今天，大家的消费是分阶层的。相同阶层的人可以玩在一起，可以买相同品牌、价位的产品，但是不同阶层的人就很难玩到一起。大家在购买产品时不再是基于功能性的消费，而是在某个场景下，要送给女朋友、同事等场景下的消费。精准营销就是我这个产品特定为某一类人设计的，其他人不是我的目标用户。社群要解决的就是我们需要的目标用户，如何使这些人跟我们协作、连接、互动，产生良性循环才是关键。

建立和组织社群要有几个关键：

建群要有明确目的，想要做什么群、表达什么内容，然后发起号召建立社群，只要牵住一个重要的点就能开始实行。

核心价值观要清晰体现，这样建立社群会比较轻松容易，比如热爱骑行、旅游。

理念得到大众认可。你建立的社群必须有自己的价值观，同时要有自己的理念、态度，并传播分享给大家，得到大多数人的认同，才能吸引大众到你的社群中来。

产品要有创新性，解决问题并达到极致。你的社群概念要创新，能帮助一些人解决他们的问题及需求并能发挥到极致，那么你的社群就是一个有价值的好社群。

社群的核心之处，先有了相同的爱好和价值观，才能有后续的协作和连接。但真正让社群不断壮大并保持活力的，是互动。

比如，拿一个女士闺蜜圈来举例，她们的粉丝有 20 万+，粉丝量很大，有七八个人在维护，维护这么大量级的粉丝社群，她们靠的就是线下活动，先期做的都是大型活动，之后逐个分散线下小型深度聚会沙龙，这里强调的就是深度。你举办的社群线下活动不一定要很大型，关键也不在于参与人数的多少，而是你的线下活动是否够深。一次主题性线下活动，切实帮助到他们解决问题或者达到了你举办活动的目的及意义，并有深层次的影响，这就是成功的线下活动。

高效地运营一个社群就要通过增强互动性，策划高质量的活动，并搭建格局统一、框架完善的管理团队，让参与者玩起来。制定一个长期有效的社群发展规划以及完善的群规，保持开放利他的心态，搭建平台整合资源优势推广，利用好粉丝经济，学会去中心化打造社群领袖，并始终保持传达社群的核心价值观。

真正成熟的社群，必然会构成闭环，让社群用户的所有消费全部在社群内完成。

想要实现这一点，就必须形成完整的社群生态体系，让人的信息、服务、商品完全融合在一起，无论从哪一点接入都会在社群内进行循环。一旦形成这样的生态模式，那么应用开发的分发，甚至都不用品牌自己就能完成。

运营社群从某种程度上来说就是在运营一个生态圈。不论个人或品牌都可以做社群生态链中的一部分，也可以重新构建自己的生态圈。找准需求、差异化定位、创造有态度的内容来引发全场互动效应，社群就能大大提升人与人、人与品牌之间的协作效率，创造商业价值。

6.代理利益链

传统的商品流通形式是这样的：厂家——总代理——省代理——市代理——批发商——商店——消费者。这其中每个环节都需要管理费用，如工人工资、运输经费、厂房水电费。随着每一个环节的增加，产品的价格也就越高，而且销售过程中还需要广告费，这些费用最后都由消费者承担，到达消费者手中时，一块钱成本的产品价格可能达到六七块钱。

这样，造成消费者或厂家的利益受损。像美国的百事可乐公司请名人做广告，在短短的几秒钟就耗资几百万美元，使消费者的利益受损，不得不去承担层层加价和广告的所有费用，同时假货的出现、三角债问题也危害着企业的命运。

而一根网线，一台电脑，把全国的买家和电商连在了一起，让任何之前不敢想的产品，都能够走向大江南北。

比如通过社群，通过微商分享，通过直销裂变，就会省去了诸多不利因素。把中间的流程缩短了，是工厂——微商（电商、直销商）——消费者，大家知道两点之间的最近距离是一条直线，产品由工厂直接送到消费者手中，省去了层层中间商，只有一个直销商面对消费者。

如此一来，之前传统代理在客户中招商、层层加码的做法就无法生存了。

电商、微商平台比传统进货渠道便宜，而且直接送货上门，尤其三、四线城市的线下小商超进货渠道一般属于多层级的经销商，经过层层加价后，到小商超老板手中的价格和出厂价差别很大。如果直接和品牌商进行合作，免去了中间的多个环节，所以成本价格相对低很多。这也从侧面反映了线上的电商和微商系统在重构传统的供应商和零售商的关系，重构代理利益链。

分享经济时代是由消费者分享，但没有投资、没有卖货、没有发货、没有业绩考核，赚的钱是消费者信息传播为企业创造价值，获得的回报也叫广告费；分销，分为皇冠大使、翡翠、省代、市代、总代、大区、一级代理、二级代理、零售商，不管在哪个级统统叫中间商，利润分配机制叫差价，因为你投资不一样、销售额不一样，级别不一样，进货价不一样，赚的也不一样，微商、直销、传统生意皆如此。区别是微商、直销以小博大，自下而上（低级别往上爬）；传统生意，以大博多，自上而下（成为省代，一级一级往下放）。

微商或社群分销启动成本低是公认的，但是物美价廉者少，而且微商之道，从来不是物美价廉，而是建立在产品体验口碑传播基础上，附加人格化包装的高端价位更受新生代80、90后消费者的欢迎。甚至有人认为，微商产品越贵越好卖。

但是，无论是传统代理还是微商，只有生产好的产品，让消费者用到便宜又实用的产品，才可以走得更远。降低中间环节，打造"好而便宜"，才能最终走进消费者心里。

十、倍销倍增学
——顾客裂变倍增体系

1.直销是倍增学吗?

讲到倍增学,大家一定熟悉棋盘放米的故事:

从前有一个国王,非常喜欢下象棋,一天,他下完棋后突发奇想,要奖励象棋的发明者。他把发明象棋的人招到皇宫中说:你发明的象棋让我天天开心快乐,我要对你进行奖励,你说吧,你都需要什么? 当时正至天旱闹灾荒,老百姓民不聊生。象棋的发明者说:我什么也不要,你只要把我的棋盘上的第一个格里放一粒米,第二个格里放两粒米,第三个格里放四粒米,每一格均是前一格的两倍,依此类推,直到把这个棋盘放满就行了。皇帝哈哈大笑说:就依你说的算数。当第一格的八个格放满时只有 128 粒米,皇宫的人都大笑起来,但排到第二格时,笑声渐渐消失,而被惊叹声所代替,放到最后,使他大吃一惊,通过计算,要把这 64 格棋盘放满,需要 1800 亿万粒米,相当于当时全世界米粒总数的 10 倍。皇帝认输了,象棋的发明者用这些米粮救济了天下的无数灾民。这就是被爱因斯坦称为"世界第八大奇迹"的市场倍增学的来历。市场倍增学又叫网络学,是世界文化宝库中的一颗瑰宝。它广泛运用于社会各个阶层的管理。

直销的运作模式也是巧妙地借用了合理倍增原理。一个直销员通过使用了解到某个产品很好,便可以利用业余时间向其他朋友分享该产品,当他感觉这样的方法不错，他也可以把这个方法教给朋友一起来分享（复制原理的应用）。假设第一个月他自己销售了 1 000 元的产品，同时教会一个朋友一起来做。第二个月便是 2 个人按同样的方法在做，每人销售 1 000 元的产品，同时每人教会一个人。第三个月便是 4 个人在销售，第四个月是 8 个人销售，第五个月是 16 个人在销售，这样成倍增长下去，到第十二个月，总共是 2 048 人在销售，如果按每个人每月销售 1 000 元计算，第十二个月当月总的销售额就是 204.8 万元！显然这种开拓市场方法的效率是很高的。当然这仅仅是一个理论上的例子，实际工作中不可能这样理想化，但通过这个例子可以大概理解市场倍增的作用原理。直销的业务员就是这样，一边自己销售产品，一边教会更多的人一起销售，是依靠团队而不是仅仅依靠个人的力量来开拓市场。

"直销"是一个被广泛讨论，但是常被误解的主题。有些人会把直销和传销（非法销售）混淆。虽然直销可以说是人类最早的商业配销方式，但是直销并没有被人好好地了解。在行销的文献中，也几乎被忽略了。直销诞生于美国，直销经营模式是目前为止世界上最伟大的营销模式之一，具备强大的终端市场开拓力量。自从直销多年前远涉重洋进入中国，它很快凭借自身独特的魅力引发了一波又一波震撼人心的营销风暴，创造了成千上万名顶尖的营销奇士和财富英雄。直销不但实现了人员的倍增，同时在时间和效益上也实现了倍增。

在时间上，直销公司的直销商的效率是别人所不能比的。直销公司向 4000 名直销商通过一对一的方式宣传，假如每名直销商需要 20 分钟。那么共需要 1333 小时，按照每天工作 8 小时计算，得 166 天时间才能完成。但是，假如通过直销商宣传，到第三代就已经超过 4000 人。用一天的时间完成 166 天的工作，是时间上倍增的魔力。

效益的倍增包括公司的效益倍增和直销商的效益倍增。公司的效益倍增是通过直销商数量的倍增和市场的倍增来实现的；直销商的效益倍增是借助网络组织人数的倍增，间接下线的增加而奖金数目倍增的。

合法直销本质是通过人际裂变销售产品的方式。

我们都知道只有优质的产品、高质量的服务，才会赢得更大的经营群和消费群。通过销售产品可不断推荐新的人员从事直销业务，扩大销售队伍，使工厂更盈利，能为国家多缴税，直销员的生活也因此大有改变，顾客在家就能享用物美价廉的产品及优质的服务。直销不仅搞活了企业，为国家创造大量税收，也为社会解决了大量的就业人员，这是合法直销对大众有益的一面。

互联网时代，直销可以极大地提高社会经济运营的效率，降低社会经济运行的成本。同时，互联网分享经济和共享消费改变了社会经济的财富生产和财富分配方式，让每个人都能零成本创业，公平竞争多劳多得，这也符合直销倍增学的原理。正规的直销运营模式，将会成为越来越多的人青睐的营销手段。

2.保险是倍增学吗？

大家都发现，保险公司永远缺人，不停招兵买马。"在保险公司，想要获得收入，要么做销售，要么做增员"这个道理很多人都懂。其实，我认为销售解决的是眼前的收入问题，而增员恰恰规划的是一个保险公司未来的收入突破。销售具有偶然性的特点，增员发展团队是真正能稳定收益的一种方式。众人拾柴火焰高，一个人的力量是有限的。而且任何一个新增的成员，力量都不可小觑。

保险公司增员可谓涵盖了各行各类，包括生意人、推销人员、家庭主妇、就业大学生、富二代、一般上班族。

保险公司常见的增员手法，就是培训——增员——培训——增员，通过这一简单的循环，达到源头活水，源源不断。他们采用"增员加五同，增员真不同"（五同即同学、同事、同乡、同邻、同好）。之所以这样说，是因为要寻找到一位真正购买的客户并非易事，所以保险公司要发挥该客户的全部潜力进行深度挖掘。一个客户要深挖掘5遍：第一遍买保险，第二遍加保，第三遍转介绍客户，第四遍增员客户，第五遍如果客户因故不来，要求其转介绍增员。同时，他们会努力实现新增员的留存率。

首先做时间管理，作为主管每个星期拿出一天的时间专门做增员工作，坚持做 1 年，假如一个星期增员一个人加入，一个月就有 4 个人加入，一年累计下来就有 48 个人，按 50% 的淘汰率，还会剩下来 24 个人。如果让增员来的 24 个人马上再进行增员，鼓励新人增新人，"娶个媳妇带个仔"，用这种增员模式就能在短期内倍增自己的直辖人力，从而使团队的组织架构更趋稳定。

增员就是增源。组织好比江河，由无数条涓涓细流汇聚在一起。组织成员就是江河的许多支流与源泉，为组织注入了活力。

增员就是增缘。在增员的同时结交了更多的朋友和人脉。

增员就是增元。组织成员汇积的业绩转化为经营组织的管理收入及晋升后的其他收入，从而增加了业务员的个人收入。

有人把团队扩张比喻为一个三角形。为什么？因为三角形是所有几何图形中最为稳固的一种图形。一个业务员如果只是埋头苦干，就如同一条向上延伸的直线，或许可以无限延展，但却更可能因为单薄而易折。三角形代表的是个人从一条直线变为一个平面，走上组织发展的道路，个人事业的规模才能够扩大开展。增员的质与量代表的是三角形底部的宽广程度。底部宽广，团队才能有稳固的发展。因此，增员至关重要，想要经营团队组织，增员势在必行。"你可以拿走我的所有财产，只要留下我的人，五年后我将东山再起。"这是著名的企业家、教育家卡耐基说过的话。

一个保险公司想要在市场上站稳脚跟，掌握人才是最大的优势。增员是一个保险业务员或一个团队能够长久发展的关键点。要想发展组织，要想在保险业有一个可期待的美好未来，两条腿走路是每个主管都要采取的一种经营方式。所谓两条腿走路，就是个人业务和组织发展同时并重。有人说，个人业务就像拿钓竿钓鱼，发展组织就像是在织网。如果一个业务员只懂得手拿一个钓鱼竿垂钓，他的业绩肯定不会稳定。要使自己的业绩有保证，就不能单打独斗，只有建设团队组织，才有稳定的业绩。增员越多，保险系数就越大。

所以，保险公司通过这种增员和培训的方式，实现成员裂变，也是倍增学的一种。

3.团队裂变的核心是人

一个人打不过一群人，这个是亘古不变的真理，做销售更是如此，你自己的零售业绩再牛，也比不过一个团队出色。无论是新零售，还是传统销售，以及微商做的团队裂变，所有成功的人都懂得团队的力量。所以说一定要团队复制裂变，一定要把自己的工作分配下去。

我们都知道马云，他拥有一个网络帝国，能让大家足不出户就能买到自己想要的东西，一遇"双十一"的时候就会创造几十亿、几百亿元的销售额，这个销售额绝对不是他一个人创造的，而是他和他的团队一起去创造的。大家会发现，如果说我们是一个成功的人士，我们一定是可以复制自己时间的。什么叫作复制自己的时间呢？就是自己没有办法去做的事情，我们一定要让更多的人跟我们一起去做，跟我们一起去把这个团队的功能发挥到极致，这个就叫作所有的成功者都是复制自己时间的人。

所以，团队裂变的核心是人。要不断地裂变，不断找到更多的人跟我们一起去创业，然后不断地复制我们的时间，复制我们的技能，使我们的团队越来越大。

人是宇宙的一分子，要搞清楚人需要什么，需要先搞清楚人的运作机理。人的运作机理首先是需要呼吸和感觉。呼吸是因为身体需要新陈代谢，而新陈代谢会驱动身体能量的运转，运转的能量支撑着人的身体，所以呼吸是为了获得能量；感觉是传递信息，信息是变化的记录与传递，一个人有更多的信息，让身体能够更好地记录和传递这种信息，人就会有更好的感觉，所以获得信息是为了获得感觉。那么什么是能量呢？食物、财富、物质等都是能量。那么什么是信息呢？获得食物的方法，实现财富的方法，获得物质的方法等都是信息，团队都是人裂变的，搞清楚人需要什么。人的身体是能量，人的精神是信息！所以在团队裂变中可以去观察一下团队长，团队长作为一个人，通常很多时候，具备很大的能量场以及很好的精神状态。所以倒过来想，如果你想成为一个优秀的团队长，从能量与信息来切入会变得很简单。人与人组合在一起做一件事称为团队，人发展人的过程称为裂变，这样一看是不是就很清楚了？团队裂变这个话题真的很大，因为它不仅是一个技术问题，也是一个管理问题。每个团队的特质、团队长的性格基因不同，导致技术多样，管理也不同，方法更是千变万化。但是万变不离其宗的是"人"的因素，搞明白这个，团队裂变的问题就相对简单很多。

一个团队的领袖想要发挥自己的最大作用，很重要的一项就是要做好自己的时间管理，最好的时间管理，就是做最有生产效率的事情。什么是最有生产效率的事情？当然就是对于团队来说最好，并且能最快地帮助团队裂变的事情。这就面临一个问题：如果团队里没有人能帮助领袖去处理一些基本的事情，每个人都各自为政，只管自己的代理，甚至自己的代理都需要老大来管，那么领袖如何去做最有效率的事情？团队领袖想做最有效率的事情就必须要有代理能帮助去处理一些小事情，也就是领袖只做领袖应做的事。所有可以交给代理去做的事情，都应该是代理去做。所以团队最重要的还是要注重代理的能力成长。这里要注意一点的是：不是投资多才值得被重视，那些投资少的只要是努力成长的依然值得去辅导。

所以，"核心代理"成长的第一步就是要从基础抓起，从每一个基础的能力开始成长，并且做到层层监督，因为人有惰性，但只要通过不断地激励，就可以达到想要的效果，这也是培养人才的核心之处。

4.业绩裂变的核心是机制

如何把一个产品从商家流入到每一个消费者手里？所需要做的就是分层，意思就是说他需要去做总批发，然后做省批发，再做市级批发、县级批发。那为什么要做这么多层级呢？是因为他要把产品做到乡镇一级，就需要各个级别的合作。由此，我们都知道了层级的概念。它是通过分散化的合作机制，将一个商品从一个地方分散到各个地方。

试想，如果某家公司卖产品到消费者手里，每个地方都要这样设分公司，那么这家公司的成本就太高了。而层级的出现，恰恰解决了这个问题，即通过建立层级合作机制来达到既降低成本又销售商品的目的。而互联网合作机制就是每一个层级。这种裂变机制叫业绩裂变机制。

比如，微商把产品作为层级扩散的时候他就自然想了，那我要扩散到你，我想把他扩散到所有的人，其实这是一种去中心化的做法。

而这种做法不仅仅是你有超多的粉丝（当然粉丝多是裂变的前提），而是要让你的粉丝持续不断地带来粉丝，那样才是一种裂变式的状态，才能卖产品。举个最简单的例子，PAPI酱和逻辑思维都是公号大V，个人粉丝都有几百万，如果他要卖东西，也不一定能卖得很好。很显然，他个人效率还是比较低，如果他能层层帮助粉丝，推动他们成为会员，那可想而知，这种裂变产生的效益就可观了。

　　什么意思呢？就是你想要快速裂变必须抓好底层的裂变，底层如果没办法裂变，那么你的团队将成为微商难民。比如，我们常听到做微商的抱怨，大部分的货全部积压到底层代理手中去了，底层代理货卖不出去，没有赚到钱，自然也不会补货和升级，更不要说去组建团队。而我知道很多团队的裂变大多数都在鼓励高级别的代理拿货和扶持高级别的代理，很少去关注过底层小代理的情况。而真正的裂变机制，源于对每一层级代理的重视。

　　像我前面提到了，裂变的核心是人，而产品不是通过平台传播，而是借着平台这个渠道需要人来传播的。而人靠什么去传播呢？靠一个公司组织、纪律和文化，也就是机制。

　　假设某人有一个产品，他找了五个人，这五个人叫联合创始人，联合创始人再去找五个人，叫合伙人，合伙人再去找五个人，叫总代，总代再去找五个人，叫蓝钻。这个过程就是信息扩散的过程，即互联网去中心化过程，这也是微商的价值。它符合移动互联网去中心化的裂变机制。而中间的，大家知道渠道的这个价值是非常高的，一个产品的制造成本可能只有十块钱。但是最终卖出的价钱可能高达几十块钱，而这中间的费用就叫渠道费用。而微商去中心化，把渠道费用全部省了，这也是微商发展快的原因。互联网去中心化的做法，是一种很伟大的互联网裂变机制，也是商业里面很重要的一个裂变机制。

　　如何让微商能够不受制于这个机制，而是共享这个机制，就要去实现如何让上级对下级负责。我觉得要做这个负责也很简单，比如，可以设计一套全新微商的利益机制，这个机制允许底层的人退款，允许底层的人退货，这种设计最大的价值是把微商的风险转到老大的身上，它把微商底层的价值做成保护者。

　　我想，有了这样的机制运行，才能真正实现业绩裂变。

5.超级用户带来的倍增效益

自从有了互联网，人们不断追求新奇特，从最初免费思维，到流量思维，后来又提出一个"超级用户思维"。所谓的"超级用户思维"，就是你不仅关心你有多少用户，更关心你有多少超级用户。

比如一个人带着自己的老婆看电影，旁边坐着一个挺好看的单身女性。突然，她递过了一瓶矿泉水，"大哥，拧不开，帮个忙？"请问，这个时候你该怎么办？当然拧就完了，对不起，不可以，为什么？因为你的老婆坐在旁边，她会不高兴。当然帮人一个忙没什么，但是不高兴这个东西就是这样，那你说怎么办？正确的做法是这样的，拿过矿泉水瓶，说老婆，你要不要帮她这个忙？老婆说，"我也拧不动。""老婆，我帮你拧开。"不管你手中的用户有多少，请先关照你身边超级用户的感受。说到根本就是面对这样的用户，不用做推广，做推广也没有用，这样的用户是糊弄不了的。但是要做两件事：第一，要尽可能做让用户觉得长脸的事。第二，就是决不给用户丢脸。德鲁克说过一句话，企业的使命就是创造且留住顾客，创造且留住你的顾客和超级用户，比什么都重要。流量思维就是创造顾客，而超级用户思维就是留住顾客。

留住自己的超级用户，美国好事多（Costco）超市就是个经典案例。

在好事多，许多高品质的产品卖得很便宜，甚至接近成本价。好事多有两条硬性规定，一是所有商品的毛利率不超过 14%，一旦超过，需要向 CEO 汇报，再经董事会批准。二是如果供应商给其他地方的价格比好事多低，那么好事多就不和它合作了，它的商品永远不会再出现在好事多的货架上。但好事多这样做，它怎么赢利呢？原来好事多敢这样做的原因是它实行的会员制商业模式。只有会员才能来购买，会员分为两种，一种是非执行会员，每年年费 55 美元。另一种是执行会员，年费 110 美元，执行会员在好事多的消费可以获得 2% 返现。也就是说如果你每年在好事多的消费超过 2750 美元，会返你 55 美元，那么就值得升级成执行会员。消费越多，返现越多，如果消费超过 5500 美元，那么可以返现 110 美元，相当于免除了会员费。可能有些人有顾虑，要是消费不了这么多，那升级成执行会员不就亏了吗。好事多承诺，如果你拿到的返现不足 55 美元，也就是两种会员年费差价，它们会以支票形式在年底将差额返还给你，也就是你升级会员不会有任何损失。许多人就纳闷了，他们这是什么蠢规定，那肯定没人办 55 美元的会员了啊，55 美元会员还有什么意义吗？是的，没人办 55 美元的会员了，但因为这样的会员费设置，办了 110 美元会员的人就会努力消费超过 2750 美元，否则虽然好事多承诺退差价，但这也很麻烦不是吗？如果消费超过 5500 美元，就相当于免会员费，再超出的消费每次还能返现 2%，所以大家会拼命多消费，还会拉家人朋友一起来消费。而且好事多本来就以价格优势出名，同样的产品比别的地方便宜，在产品质量控制和售后服务上也做得非常好，购物有任何不满意，都可以全额退款。如果对会员体验不满意，也可以申请退卡，并获得年费的全额退款。所以美国人说一旦进过好事多两次，就再也离不开它了，第一次大家有些不习惯，交会员费才能买东西，什么鬼规定？第二次就会觉得价格又便宜，质量又好，服务又好，再也离不开了。

而好事多通过这种吸引超级用户的思维，达到了营销倍增效益。类似的还有亚马逊和 VIPKID，亚马逊一年只交会费 99 美元，但是购买的东西是 1300 美元一年，比不交会员费的多了整整一倍。VIPKID 通过互联网搞英语教学，模式很轻，2017 年，他们预计收入 50 亿元人民币。但是他们只有二十万超级用户，这二十万超级用户，帮他们做到了什么呢？他们先是雇用北美的小学老师，给中国孩子教英语，三万人，他的创始人说，到 2018 年年底，估计要雇用 10 万人，成为雇用美国人最多的中国公司。50 亿元的收入和 20 万的用户，是不是非常神奇？这就是超级用户思维带来的效果，非常奇妙的杠杆效应就在发生，不需要那么多流量，不需要那么多用户，同样可以撬动那么大的经济效应和社会效应。

超级用户思维，是一种思维形式的跨越，也就不再是单纯地追求流量。在以往，我们常常被困在"流量"这个瓶子里面出不来。为什么我会说"流量"是个瓶子呢？因为它是慢慢填充起来的，前期填补空瓶子和后期填满整个瓶子的感觉是不一样的，我们会发现越来越难，有时候瓶子出现了漏洞，就会流失掉其中的一部分，若是你没有设法补上这个缺口，你就永远填不满这一个瓶子，永远在流失，甚至失去的越来越多。这或许就是为什么有一些品牌明明有着很多流量获得的端口，却始终得不到进一步的发展。

但是，从"流量思维"到"超级用户思维"的转变，却不是摒弃"流量"，而是怎么去留存住你引来的"流量"。超级用户思维，就是要去留住这些对产品有兴趣的用户，给你的粉丝群体一个能安心地使用你、热爱你的理由。流量思维，需要的是引入及转化，但这并不能真正地实现用户的留存。而超级用户就等于是你的死忠粉，不但对你的产品和服务产生黏性，还能带来更多的口碑，从而产生倍增。

十一、狂销好方案
——营销是设计出来的

1.让产品卖好

营销，重在塑造人们的认知。在这个时代，解决需求已是一个产品的基本属性。这是一个快节奏的时代，也是一个碎片化记忆的年代。当你还在长篇大论、自以为是说废话的时候，听者早已经将他们的注意力转移到了别处，甚至已经开始和你告别了。介绍产品也是如此，虽然产品确实有很多的亮点可说，但如果你不能在一分钟之内让消费者听明白这个产品到底是干吗的，那么你的这次聊天就很危险了。

如何让一线好卖，离不开对于产品的描述，越简单、明了的产品描述越能够让消费者第一时间记住，看到亮点。

很多卖产品的人仍然走不出"产品导向"的思维方式，觉得只要有了好产品理所当然就能卖出去。其实不然，我们要经常问自己三个问题：

（1）就算你的产品很好，你的业务人员能讲清楚吗？

（2）你觉得好产品客户会觉得好吗？作为经营者思考的"好产品"可能跟客户需求的"好产品"是两码事。

（3）你的产品再好，你有好的营销策略和销售方法吗？或者说，你能一句话说清楚你的产品或服务能带给消费者什么吗？

所以，对于产品要讲明白两件事：第一，你是谁，这里包括品牌和品类；第二，你能给别人带来什么好处，这里好处的标准，首先是刚需，其次是与竞争对手有区别（不一定跟别人对比，只要对方在这一点不是已经深入人心就可以了。比如 iPhone 就不能跟诺基亚比结实）。描述的产品尽量谁都能看得懂。小米的很多文案确实挺值得学习的，比如，买小米移动电源就去小米官网。

一句话描述很容易被误解为仅仅是另一个传播的战术/方式。然而，设计这句话可能是创始人要做的最重要的决定之一。如果你希望自己的产品能够被口耳相传的话，就必须接受这点：它必须能够通过一句话从一个用户传递到另一个用户。

你应该在产品的早期就设计好这句话，这样在产品开发过程中就可以聚焦于真正对市场和用户交流进行有效的输入和输出上。在你创造出一个难以描述的庞大产品之前，一定要抓住在早期设计和测试阶段一句话描述的有限机会。

好的产品描述，就像一个好的推销员，面对各种各样的客户，它既能用语言打动消费者，又能用视觉传达商品的特性。

产品详细描述对提高转换率至关重要。好的产品描述会满足客户想了解的一切信息，在紧紧抓住客户眼球的同时也抓住了客户的心，客户了解你，信任你，需要你，那还有什么不下单的理由呢？

2.让顾客惊喜

根据心理学的理论与营销实践的结合，我们可以得出这样一个公式：顾客对某个品牌或产品的预期＋现实＝失望／满意／惊喜。商家对顾客的承诺高过现实情况，也就是不能完全兑现承诺，就会造成消费者的失望，失望带来的后果是消费者离开该品牌，而这种离开还不同于因为有替代商品竞争或特殊原因的暂时性离开，这种失望后的离开意味着消费者80%不会再回头。当商家的宣传承诺能够兑现，则会换来消费者的满意。消费者满意是绝大多数品牌可以做到的，但正因为都可以做到，所以并不能换来顾客的高度忠诚。只有那些完全兑现了承诺，并多给消费者一些承诺之外的利益，才会给消费者创造出惊喜的消费体验，使顾客心甘情愿地回报给品牌绝对的忠诚，这种忠诚可以抵消部分价格因素，甚至是原谅品牌所犯下的一些过错。现在能够给消费者带来惊喜的品牌并不多，他们对你的品牌充满希望，还在期待下一个惊喜。

提升产品感知价值最好的办法，就是超越用户期待，让客户购买到惊喜，感觉有价值。这就和谈恋爱一样，女朋友感冒了，打电话给正在加班的你诉苦，本指望花几分钟诉诉苦稍微缓解一下郁闷的心情，没想到却看到你拎着她最喜欢吃的皮蛋粥，带着感冒药出现在门口。女朋友当然会喜出望外，特别难忘。因为她对你的预期只是几句安慰的话，而你却抛下手头工作，给予了她咫尺相伴的温暖和贴心的关怀。

同样，对于顾客"设置惊喜"的关键，是在成本预算允许的范围内，在某个环节提供超越用户期待的产品和服务，比如赠品策略。实际上，在其他环节也可以设置惊喜，比如客服（电话回访、节假日发送祝福短信等）环节、运营环节（设置抽奖）、产品环节（限量版）等。

顾客因为购物的经验，对一些规范模式下的服务习以为常，并在心理上觉得这是商家应该做的，所以不会有丝毫的重视。只有你的服务超出了规范模式，给了顾客一点新的感受，顾客才会关注你。如果你的创新迎合了顾客的某些需求，引发了顾客的好奇心，那么他们就会对你的这个创新增加好感并留下深刻印象。

海尔在品牌创建之初，充分考虑到当时环境下中国制造的产品质量，所以提出了"真诚到永远"的服务战略。同时也把服务提升到了一定的高度，这种高度是将顾客的感情当作杠杆，超越顾客对企业服务的预期，使顾客在内心产生感动的心理。试想，一个住在偏远地方的人购买了一台冰箱，因为路窄，车无法开进来，服务人员竟然靠肩背把冰箱扛到你家里，当你知道真相、看到大汗淋漓的服务人员，却不喝你一口水，不收你一分钱，微笑着跟你说对不起，因为什么什么迟到了几分钟时，你的心理会怎么样？

所以，一般顾客自己能想象得到的服务，我们称之为顾客心理预期内的。如果我们提供的服务超越了顾客的预期，那么就会引起顾客的好奇和加深印象，甚至在心里产生感恩心态。而这种心态一旦产生，客户得到的就是购买产品后的价值体验。

在给顾客创造惊喜方面，海底捞是最值得学习的榜样。海底捞的服务最具代表性，且无往不胜，不管是开到中国台湾还是开到加拿大亦或是开到美国洛杉矶。

其实海底捞的服务都是常规的服务。但是为什么其他火锅店不如海底捞呢？就是在创造消费者的惊喜这方面没有海底捞做得好。

印象最深的就是去海底捞的洗手间，洗手间有人递毛巾其实没有什么，这是个常规性的服务。但是海底捞没有安排小姑娘小伙子在那儿递，而是安排一些年纪大的老爷爷老太太，一脸慈祥地把热毛巾递给你，这种温暖的感觉是不可替代的。这就是在创造消费者的惊喜，有句流行语：地球人已经无法阻止海底捞做服务了。常规的服务已经无法去打动消费者了。所以，要创造惊喜的服务才能打动消费者。

产品方面，其实大多数消费者的舌头是吃不出什么区别的，很多时候是心理的感受影响了生理的感受。如大董开发的意境菜，那些菜摆得那么具有诗情画意的时候，舌蕾上的感觉就不一样，为什么？心理因素决定的。

所以，给客户惊喜和价值感，是服务或产品要追求的销售境界。

3.消费者需要引导

福特有句名言："你如果问消费者他们想要什么，他们会告诉你，我只要一架跑得更快的马车！"乔布斯也说过："他们（消费者）根本不知道自己想要什么！"这并不表示乔布斯不在乎消费者要什么，他从一种哲学的高度出发，做了一系列极简的产品，颠覆了手机行业。此为做产品的最高境界——引导消费者需求；做产品的第二境界就是从产品层面和心理层面去满足消费者的需求；第三境界的产品既不能引导一种需求也不能满足消费者需求。

有一句话叫"不是你不犯错，而是你受到的诱惑不够"。说的不仅是生活现象和社会现象，还是消费的原动力。除了生活中不得不消费的必需品，基本上所有消费都是由欲望主导、受引诱促成的，而消费群体的购买欲望和行为取决于受引诱的程度，也就是商家如何引导的程度。

因此，我们评估购买行为时，不能单纯地以消费力来评价，还要考虑消费的欲望以及消费群体对欲望的把控程度。如果消费力达不到，需求欲望却又无法控制时，也会产生购买，这就给营销提出新的课题：如何引导消费、创造需求？

在我们决定生产一个产品之前，我们先要去问一问消费者：消费者需要什么样的产品？消费者能承受的价格为多少？消费者希望在什么地方接触或购买我们的产品？消费者是一个什么样的人？其性别、年龄、收入、教育程度、家庭结构及其本人的家庭角色是怎么样的？有什么样的性格、价值观？消费者如何认识产品、看待品牌？消费者现时头脑里的市场地图（产品类别与品牌地图）是怎样分布的？消费者有哪些购买习惯？这些习惯形成的缘由和历史是什么？消费者对产品真正的关心点是什么？他在哪里、什么时间、何种场合使用某类产品？消费者对使用产品有什么感觉？会如何去表达这种感觉？可能产生什么样的影响？等等。

影响消费者购买行为的因素很多，如文化因素、环境因素、消费者个人因素及心理因素。其中消费者的心理因素对其产生着重要影响，消费者的购买行为主要受到需要和动机、感觉与知觉、信念与态度、情绪和感情等一系列心理因素的影响。广告创意必须在把握好这些心理因素的基础上，进行新颖、独特的想象，创造出具有吸引力的广告意境，构建起产品与消费者之间的心理联系，从而激起消费者的购买欲，达到促使消费者购买。

成功的商业广告创意能让你的嘴巴大大张开，脱口"好"。也能让你目不斜视而情动于衷，然后就是在你掏钱消费之际毫不犹豫地"依意"孤行的痛快！这就是成功的商业广告创意。每一则成功的创意都是对规则的冲击，都是对人类惯性思维的挑战和超越。

广告以新颖独特的创意方式给消费者以一定的震撼和吸引。如苹果电脑的广告图是一个"被啃掉一块的苹果"，这就可能让人联想到苹果电脑有"宁为玉碎，不为瓦全"的创新精神。事实上，这种创新精神正是苹果电脑的特点。通过广告向消费者传播商品和品牌信息，就可以让消费者形成对商品品牌形象的认知。长虹品牌传播的信息是：长虹彩电的色彩特别好，就像彩虹的颜色那样好。如海尔品牌传播的信息是：海是蓝色的，而蓝色是冷色，这与海尔的制冷产品联系起来。

当消费者被创意广告所打动时，广告就要起到它的另外一项重要功能——引导购买。广告常以完全相同的方式，向消费者多次重复同样的内容，它通过大力渲染消费或购买商品之后的美妙效果，利用大众流行的心理机制创造轰动效应，并给消费者明显的示范作用，指导人们的消费与购买行为。在指导购买的过程中，广告会告知消费者产品用途、使用方法、售后服务，以减少顾客的疑虑，激发更多的消费者参与购买。

4.营销方案设计原则

很多时候，策划了一个营销方案，不管是运营蓝图、组织架构还是分配机制都搞得很好。但是在落地执行的时候，发现落不了地，而且每个环节都出现了问题，看似非常完美的方案，就是迟迟落地执行不了，什么原因呢？

有句话是这样说的：一流的方案，三流的执行，就会出现三流的结果；三流的方案，一流的执行，就会出现一流的结果。意思是说再好的方案，一旦你忽视了细节把控，就会出现三流的执行和三流的结果，变成泡沫。

所以，营销方案和设计原则是要格外重视的。

如今，专业化的营销服务机构越来越多，有市场调研机构、营销策划机构、品牌策划机构、创意设计机构、广告创意机构等。市场营销服务的多元化、专业化对于营销策划来说是好事，但是，也带来了麻烦。思想多了，思考的点多了，理论应用多了，反而执行起来的能力弱了。原因是企业少了自己的思想、少了独立的思考、少了对于理论的辨识，一旦执行起来，反而有些手足无措，乱了手脚。

做好品牌营销方案设计需要分三步：

第一，解决知道、记住、喜欢的问题。就是说，如何让你的用户知道你，并且通过你的营销记住你，然后慢慢地通过你的运营喜欢上你。当用户寻找话题寻找谈资的时候，你就要知道你提供的内容是不是稀缺的内容，让他拿到就想转出去，也就是说知道、记住、喜欢是把潜在的用户变为你的用户的一个过程。那么当你有了一定量的用户，就解决了第一步。

第二，解决分享、口碑、传播的问题。通过你长期对用户的运营营销，让用户变为你的忠实粉丝，要做到他定期要去你的网站看，你做出好的东西他不去分享都觉得有点对不起你。

第三，解决品牌、流量、交易的问题。

营销方案设计原则主要有以下3个：

（1）无中生有原则

很多时候，产品或公司并没有值得传播和设计的事情发生，没有高层领导的换位，没有爆品上线，没有钱去请一个明星代言人，那么如何保证品牌在公众面前的出现频次，并让别人记住你呢？这时候可以使用"无中生有"的传播技巧。也就是可以设计和制造出一个素材去传播。比如：双十一购物节、京东蝴蝶节、双12购物节，都是设计出来的一个素材，最后成了特色的购物节。我们的传统节假日中并没有购物节，而现在各大电商都在创造各种各样的购物节等，本质都是为了通过创造狂欢的氛围聚拢流量，从而提升商城产品的销售量。那么当我们要"无中生有"时，其实就是创造一个理由让消费者使用你的产品或服务。

（2）以小博大原则

"无中生有"注重传播素材的建设，那么"以小博大"注重的是后续传播的投入。很多企业把大量精力放在品牌活动本身策划上，比如H5活动页面、产品发布会等，但后续的传播素材、传播报道和传播节奏跟不上，前期做的事情很可能打了水漂。以小博大就是将小事件放大，小事件大传播。

（3）借力使力原则

借力上青天就是人们通常说的借势。借势不是蹭热点做几张看起来好看的海报或者写几段文案，而需要有章法可寻的传播技巧。前面章节已经讲过，这里不再赘述。

另外，营销是发现或挖掘客户的需求，依托现有资源、整体氛围的营造以及自身产品形态的营造去推广和销售产品，让消费者了解该产品进而购买的一个过程。营销影响着品牌的经营、发展、口碑、地位等。

所以，产品策划上——适用原则。"适用"指符合客观条件的要求，适合应用。产品策划要从客户适用原则出发，不能一厢情愿，也不能在成本和数字上简单加减，导致打包的产品中看不中用，更不能把难卖的产品，像打包边角料一样打包给客户。

价格制定上——适中原则。价格制定上，客人希望价格越便宜越好，要考虑显性成本、隐性成本和最终利润等。如何找到产品和目标客户都能接受的价格，考验着营销人的智慧。

如果你是行业或片区老大，是标杆、是风向标，你可以做价格最贵的；如果你的产品是稀缺的、独一无二的，竞争优势明显，也可以做最贵的。但现实中，我们的竞争对手众多，我们也不敢说自己就是最好的，因此在价格上要考虑适中。"适中"也符合大多中国人的性格和消费习惯。

促销策略上——适当原则。"适当"就是合适和妥当。促销是一次性让利，还是给点小甜头、争取下次再光顾？是在现有价格上促销，还是提价后促销？这些问题都应考虑。促销手段、促销产品太多、太频繁，扎在同行里一起促销，容易让客户记不住，有些甚至可能形成负面印象，是不是卖不出去了，是不是生意下滑了？因此，促销要考虑是否合适、是否妥当。

记住这些原则，再去设计营销方案，才有迹可循。

十二、狂销好训练
——队伍是训练出来的

1.前台越简单后台越复杂

把简单留给顾客，把复杂留给自己。换个专业的说法：前台越简单越好，后台越复杂越好，因为前台越简单，顾客使用起来越容易，后台越复杂，别人抄袭起来越困难。说得更直白一些就是，让我们的销售团队中的每一个人都变成产品的深度体验者，再转化成最简单的方法演示给顾客。

常言道，能把复杂的事情经过处理变得简单那是本事。记得有句广告语："把简单的事情变复杂了——太累；把复杂的事情变简单了——贡献。"道理大家都明白，做起来未必容易。这个理念要时刻放在心里，能把这个理念放在心里的营销人，就具备了最好的销售境界和态度。

我认识一个销售客服姑娘，她本人并不属于那种伶牙俐齿、反应敏捷能够临场应变的人。可没想到，不到三年，就当上了客服部的一把手。原来，这位姑娘有别人不具备的一面。有一次，一个50多岁的阿姨打电话退货。销售员忽悠了人家一通，害得阿姨买了一堆没用的东西回家。这种顾客其实最好打发，连快递都不会寄，你就把退货流程往复杂了说，说着说着，她就不想退了。可这位姑娘偏不，给人家把退货流程说得明明白白，连快递都帮人叫了。类似的事情还有很多，但大家都不知道，直到老板的朋友找她退过一次货，才忍不住称赞这姑娘太热心了。

其实，整个客服部里，比她伶牙俐齿、头脑灵活的人比比皆是，可每个人接待客户反馈的态度都是表面热情，内心冷淡，都想着自己怎么简单轻松怎么来，把复杂的事情甩给客户。没人真把客户的事儿当事儿，每个人的心思都是两个字：拖着。把顾客拖疲了，也就认栽了。可公司估计也就悬了。说起这个小姑娘，同事忍不住感叹，见的人越多，越觉得态度比能力重要。

无论是做服务还是做产品，复杂的事情留给企业，简单的事情留给用户，越是这样越好用。

典型案例比如苹果手机，就一个键；还有视频网站的 APP，两岁的小孩子都可以通过点点点，找到自己想看的动画片。

互联网时代做产品，产品经理面对这样一个问题：你是创造需求给用户，还是根据用户需求满足他们？从经验来看，根据用户需求设计产品更靠谱。互联网行业崇拜乔布斯，其实他给你创造需求，不是因为你想要什么，他才服务你的。他把一个问题想得很透彻以后，创造一个需求，你发现用了以后很顺畅。不管是本地生活化链条里面，还是原有生活习惯里面，很顺畅地把它衔接进去，不能太生硬。用户体会到的是简单好用，这才是最重要的。

对于互联网核心竞争力的理念，有的聚焦于客户体验，有的聚焦于商业模式，有的聚焦于大数据，有的聚焦于场景等，这些都是从不同的角度来诠释，其共同之处在于应该"将简单交给客户，将复杂留给自己"。事实上，无论是产品设计还是营销，要尽一切可能削减不必要的流程和动作，尽一切可能替客户预先做到可以做的。

"将复杂留给自己"则需要建立强大支持系统和大量资源配置来支持，"简单交给客户"包括大数据的归集和算法的完善、高效的信息系统、后线各部门的紧密合作和工作流程的无缝连接，产品简便性与法律风险的平衡等。每一个细小流程的削减，每一次产品的简化，都需要公司进行大量的投入。就如 iPhone 手机，简便操作的背后是大量科技专利的支持，每一项专利都需要花费大量的成本。

马云曾说过，我们的网站为什么做得那么好，是因为我不懂网络，我不知道如何上网，所以我能站在一个不懂电脑网络的角度思考，我这个网站用起来是不是很麻烦，如果我觉得太麻烦了，那么这个网站就不受欢迎，就是一个失败的网站，我如果觉得很容易操作的话，那么，我想所有的人都会觉得很容易。马云还专门跟技术员说，要尽量把麻烦的事情自己多承担点，给用户们提供一个简单轻松操作的平台。大家想一想，马云都这么做了，我们要不要这样做呢？

把麻烦的事情自己多承担点，把轻松简单的事情留给别人。只有这样你的人格品质才能得到提高，你的人际关系才会越来越好，你的生意才会越做越大！

2.队伍越专业顾客越满意

很多销售新手老是抱怨为何开发客户没有回应，为何跟了很长时间的客户突然就没信了。为何刚跟客户聊了几句产品，客户就不耐烦地离开了。其实原因有很多，但是肯定有一种原因就是销售在和客户交流中露怯了，或者让客户看出来很不专业。所以，一个销售队伍的核心竞争力，就是销售的专业素养，整个销售队伍越专业顾客越满意。

当你的专业能力不够的时候，你很难驾驭自己的客户，也很难获得客户的芳心。只有你具备足够的专业度，才能获得客户的满意度，形成自己的销售核心竞争力。

打造销售的核心竞争力，是打败竞争对手的重要手段之一，也是企业比竞争对手做得好的重要原因。因此，一个企业必须给自己打造一个具有销售核心竞争力的团队，提高企业的运营效率，保证自己在行业内的竞争优势，而打造销售核心竞争力的前提是保证你的专业度。

为什么这么说呢？试想一下：当客户的知识、经验和需求都超过我们的供给时，他会质疑我们的能力和水平，最后对我们失去信心。因此，比客户强的专业水平就是你的销售核心竞争力。当公司所有销售人员都具备这种销售核心竞争力，那么公司自然也就具备了和竞争对手抗衡的销售核心竞争力。

通常，你都是把你的品牌介绍成是一流的，产品是一流的，服务是一流的……可是，如果顾客一看你的人、看你的各项表现，感觉是三流的，听你讲的话感觉是外行，那么，顾客根本就不可能相信你所说的一切，你的个人业绩自然也好不到哪里去。

谈客户或面对面销售，首先是销售人员接触客户，人的长相我们不好改变，但是我们可以改变自己的自身素质和专业水平，这一点很重要。给人的第一印象自不用说，要注重仪容仪表也不用说，这是销售工作最基本的。在这里我想说的一点就是要靠你的专业水平取信客户，让客户相信你。谈到专业水平，我觉得有以下几点要注意：

第一，在接触客户之前，要对客户的情况和行业情况进行充分的调查和了解。比如客户的实力、客户的工作情况、客户的人际关系、客户的性格等要尽可能多一些了解。

第二，与客户沟通前的准备。凡事预则立，不预则废。要顺利拜访并开发成功，须做好前期准备工作。我不止一次提醒过我的团队，做任何工作，必须做好预判和预控工作，可以降低差错率，减少意外情况发生，提高工作效率和客户拜访的成功率。

第三，与客户洽谈时，更要时刻彰显自己的专业水平。包括自己公司的介绍、公司产品的介绍、公司产品的特点、竞争对手产品的介绍、行业的分析、给客户的价格政策、促销活动、品牌宣传、供货方式、结算方式等，要很熟练地说出，不能吞吞吐吐，让客户觉得你不专业。当然对于客户所提的条件销售工作也要灵活应对，自己解决不了的不要当场给予回答，下次拜访时把上次遗留的问题解决掉。

专业水平是靠自身学习与积累得到的，也就是说不打没有准备的仗。拜访之前一定要把与产品、公司、行业相关的资料都了解和学习到，而且要能够熟练地运用，让客户觉得你很专业，那么客户就会对你产生信任感，对你的公司产生信任感。

各行各业，专业是最好的招牌和门面，销售尤其如此。打造专业化销售队伍，需要从各个方面进行训练。

3.训练心态

人们往往认为，商品市场中的销售者只是在销售商品。其实，从沟通学的角度，从更高的层次来分析，销售者销售的其实是"人"。有句话说得好，卖产品就是卖人品。而这个"人品"的形成，需要从多个层面来训练和提升。只有达到一个"优良人品"，产品才能好看，这也是买卖成功的秘诀，更是商品销售的最高境界。

因为买卖双方如果认可了对方的"为人"，才会在欲望的基础上形成动机，采取行动，完成买卖。古今中外，莫不如此。销售是一项沟通的艺术，把话说到客户心里，也就有了成交的希望。良好的沟通将会贯穿于销售工作的整个过程，而沟通能力的强弱，也将在每一个环节上，对销售工作的成败产生决定性的影响。

而一个好的沟通，离不开销售人员的心态培训。言心为声，销售员具有好心态才能有好语言，说话才能和缓适中。不然心中怀有怨气与情绪，就会说出中伤客户的话语，或者在沟通中无法包容客户的缺点，这样对买卖会产生不利的影响。

销售心态的培养和训练，我认为是最难的。别的行业都认为一个人拥有自尊心才是对的，或者更确切地说，一个人要觉得自己是个人物，高高在上才能显示能力或赢得尊重。而销售的心态，恰恰是要把这份"自尊"

给撕掉的，自尊心太强就是玻璃心，而销售需要的是百折不挠的水泥心。如果是做别的工作，自尊心可能有非常大的好处。但是，如果做销售，自尊心往往是最大的天敌。

我第一次做销售的时候，是大客户销售，我们必须经常去拜访客户。那时我还是一个销售门外汉，对销售一窍不通，当我发现销售必须去不断地恳求客户、不断地接受客户的拒绝时，感觉自尊心受到了极大的伤害。如果一直怕伤自尊，不想去放下所谓的"颜面与自尊"，是经不住折腾的，这里蕴含了太多的复杂心情。所以，当时我第一个训练的就是不怕伤自尊的心态，被拒绝，被轻视，甚至拜访了 N 次都无法成交的时候，那种心灰意冷后的重新振作，一次次锻炼成了日后身经百战、屡战屡败、屡败屡战的奋斗能力。

后来，对很多销售人员进行训练，我会告诉他们自尊心是我们作为一个营销人首先要克服的难题。在训练的时候就要加强，比如：在销售人员入职训练的时候，我们要求新来的人员，销售他们认为并不可能销售出的产品。例如，公司用旧的垃圾筒，要求销售人员到马路上进行拦截推销，而且直到有感兴趣的客户为止，这是一个很难堪的场景。很多自尊心很强的销售人员，就站在那里不敢销售，但是他越不敢销售，越是不自然，越会引来很多人驻足观看，就像看怪物一样地看你，那时的心情可想而知。很多销售人员在那个场景下，顿时就垮掉了，再也不敢向前推销了。

多数的销售人员都会经历这样严酷的心理反应，自尊心受到了极大的挑战。我们私下里与他们交流感受时，他们说，他们已经完全没有了任何感觉，自尊心受到了极大的伤害，只能机械地去做事，尽量不去看别人的表情，希望尽快地回去，或者干脆不干了。但是，当他们中的很多人如果能够适应两天以上的销售，他们就会冷静地分析他们所处的环境，同时也会认真地分析他们所销售的产品，在此基础之上进行必要的指导，他们会很快掌握如何销售那些让他们感觉"无地自容"的产品，而且部分销售人员甚至会获得成功。他们会在销售中逐渐树立起来新自尊观念，就是：不是自己如何认可自己，这并不重要，重要的是客户是否认可。这种从丧失自尊到重塑自我的过程还有很多，但最终归结为一点：销售人员不能够有太多的自尊。

除了放下自尊心，还要克服恐惧心。

销售人员的恐惧感主要来源于"对人的陌生感"，他与通常意义上的恐惧完全是两码事，很多企业为了锻炼销售人员的勇气，经常会组织一些拓展训练，比如：组织销售人员参加蹦极、探险等刺激性的活动，但是这些训练对于销售人员克服恐惧的提高基本上没有任何作用。而且我们还发现，通常意义上的胆大，未必就有足够的人际勇气。曾经当过兵的人，他们应当属于很有胆量的那一种，但是当面对客户进行销售的时候，他们中的很多人仍然显得局促不安，这些都是缺乏人际勇气的体现。因此我们看到，销售人员克服恐惧的训练，不是像训练士兵一样就可以了，他是一个非常科学的训练过程，他必须适应销售人员的职业特征进行设计，才能够起到最终的效果，否则多数的新销售人员仍然会在这里栽跟头，而这里面的主要责任人是企业自己。

克服畏惧心态，就要每天多激励自己，鼓励自己大胆地去说、去讲。事实上，不管是科学研究还是个人实践都已经证明，困难并没有自己想象得的那么可怕，相反，困难会激励自己勇敢地向前进。克服畏惧心态，最好有一个好搭档，如果能够有一位好伙伴相互激励，斗志会因此增加。想想每当受到挫折的时候，都有一位朋友能用肯定的言语来给你打气，那种精神支持不同于父母，不同于爱人，是事业上的绝佳搭配。

好的心态，是销售的基础。

4.训练技能

技能是一个人在工作中的行为，而这种行为是在工作中自然流露的习惯行为。

销售技能有很多，沟通力是技能，亲和力是技能，包容心是技能，抗挫折力也是技能。销售在不断实践的过程中，形成了行为习惯，然后用这种习惯去服务顾客，就成了一种自然而然的能力。

销售能力也分主次。销售最重要的能力包括以下几个方面：

第一，开发新顾客的能力。

很多人说业绩不好，是因为没有顾客和名单，或者有了名单，也不会开发新顾客。实质上是销售的自我认定出了问题。一旦销售人员暗示自己没有顾客，不会开发客户，那么就会导致不去积极开发新顾客，事实上，客户满街都是，准客户到处都有。只是因为个人认为不会开发新顾客，这种先入为主的思想关闭了自己的动力系统，从而失去了寻找方法、机会或者场所的机会，当然遇不到理想的顾客了。

世界销售大师乔·吉拉德的顾客都是争先恐后排队来跟他买车的，他不用上门开发新顾客，就有顾客上门来主动跟他买车，原因就是在他用名片铺成的一条路，他的客户顺着名片铺成的路来找他买汽车，事实上是他广发名片这一个动作让他变成了开发新顾客的专家。

所以，首先要从内心告诉自己，不是没有顾客，是自己没有主动去开发客户的。

第二，做好产品介绍的能力。

很多销售人员虽然自己的顾客很多，发放的名片也不少，但是他不擅长产品介绍，他也不经常性地跟客户做产品介绍，只是限于闲聊，结果虽然交了很多朋友，可是产品没有卖出去。因此，我们要善于在跟别人打交道聊天的时候把自己的产品推广出去。为什么大多数人不会产品介绍呢？因为他经常对自己说，我口才不好，我不会产品介绍，我不懂产品知识。其实不是，真正的产品介绍，用不着懂很多产品知识。销售是信心的传递，是情绪的转移，在讲产品的时候，你那种热爱产品的兴趣传出去了，就会让别人感受到你的热诚。于是你只要讲出产品的几个优点就把价值给塑造起来了，当你把价值塑造得比价格还要大的时候，别人就有兴趣向你购买。这个信心来自销售对于产品本身的热爱和熟悉，你先热爱你的产品才能感染顾客，才能讲出优点让顾客感兴趣。

第三，解除顾客抗拒点的能力。

销售最怕顾客拒绝，大部分销售苦恼不会解除顾客的抗拒点，解决不掉顾客的怀疑，无法回答顾客的问题等。事实上，不是自己不会，依然是自我认知出了问题，是自我设限，把自己自信能力抑制了。所以，在学习解除顾客的抗拒点之前，销售必须先改变自己的思想，对自己说不一样的话。我可以解除顾客任何的抗拒点，我可以解除顾客任何的抗拒点，我可以解除顾客任何的抗拒点，每天给自己强大的心理暗示，然后面对任何刁钻的客户都能应付自如。这样业绩就好了，能力也就表现出来了。

销售在开发客户、介绍产品、能有效化解顾客对抗这三个方面都得到训练之后，技能就会提升。

5.训练竞争

说得直白一点，销售就是一种竞争。你能把产品卖给别人，就竞争过了同类产品。你的业绩好，就竞争过了同行。你能赢得回头客，得到别人的信任，你就竞争过了同级别的销售。所以，竞争意识的训练，对于销售人员也是必不可少的。

在营销上，一个销售是不会希望你的竞争对手发展比你强的。因为，对方强了，你的产品就不好卖。所有具有坚强意志的销售人员都希望赢得竞争——他们希望卖出最多的产品、占有最大的市场份额、实现最高的利润率等。

同时也要意识到，竞争对手虽然在虎视眈眈地步步紧逼，但是这种竞争环境也会给自己带来好处。他们让你更加执着，更加专注于你的产品或服务，他们让你时刻保持高昂的斗志和积极进取的拼搏精神。优秀的竞争对手还能在从创新到服务的各个方面提高竞争的层次。如果没有竞争，你就会自我满足，不思进取，精神就会越来越萎靡，动作就会越来越迟缓。实现一个小目标之后开始沾沾自喜、妄自尊大，停止了进取的脚步。所以，好的销售要有竞争意识，既要允许竞争对手的存在，又不能让竞争对手超过你。在激励你个人斗志的同时，还能不断让自己变得更强大。

同时也要明白，在销售过程中对于竞争对手要注意以下三点：

第一，不贬低竞争对手。

你去贬低对手，有可能客户与对手有某些渊源，如现在正使用对手的产品，他的朋友正在使用，或他认为对手的产品不错，你贬低它就等于说他没眼光、正在犯错误，他就会很反感。千万不要随便贬低你的竞争对手，特别是对手的市场份额或销售不错时，因为对方如果真的做得不好，又如何能成为你的竞争对手呢？你不切实际地贬低竞争对手，只会让顾客觉得你不可信赖。一说到对手就说其不好，客户会认为你心虚或品质有问题。

第二，要拿自己的三大优势与对手三大弱点做客观的比较。

俗话说，货比三家。任何一种货品都有自身的优缺点，在做产品介绍时，你要举出自己产品的三大强项与对方的三大弱项比较，即使同档次的产品被你客观地一对比，高低就立即出现了。

第三，强调独特卖点。

独特卖点就是只有我们有，而竞争对手不具备的独特优势。正如每个人都有独特的个性一样，任何一种产品也会有自己的独特卖点，在介绍产品时突出并强调这些独特卖点的重要性，能为销售成功增加不少胜算。

6.训练创新

创新是产品的灵魂，墨守成规是发展的大忌。所以，创新意识是一个成功销售者和团队领导者所必须具备的基本条件。

如今形势下，企业营销的总体思路是要以创新的思维来发现市场，并树立品牌及成本优势。具体途径为：对内通过营销创新，努力开拓国内市场；对外则以提高产品及营销手段的知识及技术含量，迎头赶上国际知识经济和绿色经济浪潮，积极参与国际营销竞争。这不仅要求企业掌握了解市场营销和社会营销等一级观念，还应积极导入整合营销、关系营销、信息营销和文化营销等一些次级的营销概念和竞争新观念。同时，对于营销团队人员也要进行创新营销意识和能力的训练。

我们来看两个创新营销的案例。

有一家水果店，门口贴着一张奇特的海报：新鲜水果，顾客现摘现买！好奇的顾客纷纷驻足，顿时眼界大开，店里果然立有两棵硕大无朋的苹果树，树上真的挂着红透了的大苹果。这是水果店老板为招揽顾客而想出的一个点子，水果店老板到塑料厂订购假苹果树，然后把那些真的带果柄的苹果挂上去，店里立刻生机盎然。这一招确实招来了不少顾客，他们先是好奇，然后觉得很有趣，纷纷来"摘"苹果。后来，店老板又不断在店里"栽"新果树，如李子、梨子、桃子等，生意不断扩大。再后来，店老板干脆就兼营果树了。顾客将整棵果树连"根"买走，"栽"在自己家里，随吃随摘，既富于田园气息，又美化了居室环境，而这位精明的水果店老板则从中大赚其利。

有一个冷饮食品推销商，为了改变生意清淡状况，特意在一家马戏团的剧场入口处免费赠送热的咸豌豆。不花钱得美味，观众何乐而不为？演出休息时，剧场各个角落突然跑出一群卖雪糕、冰激凌的小孩子。观众刚吃完热的咸豌豆，正觉口干舌燥，一听卖雪糕、冰激凌，马上掏钱争相购买。一连五天，这冷饮都供不应求。

这都是具备创新营销的人才能想出的点子。千篇一律的营销会让人感觉枯燥，也很难让产品取得更可观的利润，而具备了创新营销的能力，才能在激烈的市场竞争中脱颖而出。

十三、狂销好系统
——结果是实战出来的

1.以结果为导向的思考

当我们在实施一项工作的时候是不是经常会有这样的感觉：一件看起来如此简单的事情执行起来却总是那么不顺心，中途总会出现各种各样你无法预料的问题，好像很多的事情都完全不在自己的掌控范围内，到了最后，很多的工作结果都会大打折扣，有些甚至毫无结果可言。面对这样的结局我们多少会有些沮丧，但同时又可以很快地为自己找到解脱的理由，于是，类似以下这样熟悉的言论就充斥我们的耳边：

"客户要求的交货期马上就到了，可我们材料还缺一大堆，我们怎么生产？"

"供应商的供货周期明确规定必须要一个月，你今天发下来的请购单，后天就要货，我们怎么可能完成？"

"做一个项目就砸一个项目，客户都要被得罪光了，我们还怎么接单？"

之所以有这些临时出现的让人抓狂的问题，究其根源是在最初设计整个流程的时候没有通盘考虑，也就是说没有预想结果。

"坚持以结果为导向"的管理思路才是真正有效的解决问题的办法。什么是执行力？能拿出结果的能力就是执行力。优秀管理者的思维方向和管理模式，可以归结为一种简单哲学，即关注结果。他们唯一的兴趣点就是结果，对于这些疯狂追求结果的管理者而言，其他任何事情都是次要的，也无法让他们真正感兴趣。

事实上，他们对结果的追求有时已经达到了病态的程度，甚至某种程度上已经让人难以忍受。尽管这种管理者并不一定讨人喜欢，但他们总是凭借优异的成绩单受到股东的青睐，原来讨厌他们的下属也觉得跟着这样的领导者，虽然有时受不了，但是最终不仅得到了经济上的实惠，也获得了个人的成长。慢慢地这些令人厌恶的家伙又让人喜欢了。

什么是销售？从实质上来说，销售是一种以取得结果为目标的职业，其评价标准就是目标和任务的完成程度。老板、领导把任务交给你，你就要想方设法带领团队完成任务，拿出结果，让股东满意，让领导放心。否则，职位难保。

作为公司的员工，我们必须要为自己的每一项工作职责担负起责任，为工作的结果担负起责任，我们履行的所有工作职责都是要实现"有价值的结果"。比如：品质部同事每天在车间巡视、测量、检查，结果是要提供符合客户要求的合格的产品；物料部同事每天询价、采购，结果是要优质、低价、按时地提供生产所需的原材料，以确保公司能按时交货；人事部人员发布招聘信息、电话沟通、联系面试，结果是要为公司招聘到优秀的人才……没有达到结果，我们想为自己开脱责任的话，可以找到无数个理由。比如：人事部招不到人才，是因为公司提供的薪资太低，没有吸引力、公司的环境和条件不如别的公司等；品质部可以说，质量达不到要求，是因为公司员工技术水平太差、质量意识太差等。

"以结果为导向"实施起来可能会很痛苦，绝大多数人员都会觉得很"冤"。为什么别人的错误或是不在我权利控制范围内的事情也需要我来承担责任呢？从我们对事物的常规性思维与评判标准上来讲，这似乎有点不合"情理"，但承担责任的意识及以结果为导向的思维方式的建立，意义远远大于处罚本身。

因为只有当我们为工作的结果负起责任的时候，我们才会去想尽一切办法，冲破思维的局限及各种条条框框的限制，将各种原先认为不可能的事情变成可能，"死马也要当成活马医""行也行，不行也得行"。同时只有具备了这种背水一战、全力拼搏的精神，公司才能在残酷的市场竞争中立足并发展，我们所有员工才能有更加广阔的发展平台及更好的薪酬待遇。

在工作中，首先需要围绕目标思考"要拿到什么结果"，再考虑"如何拿到这个结果"。这个概念极为重要，再怎么重视都不为过。结果导向思维还需要做到如下几点：

（1）做结果时，把自己设想成一家"外包"的专业公司，要提供怎样的产品或服务才能让客户付费？

（2）最基本的做不到，其他一切都没有意义，先保证底线结果，再考虑完美。

（3）区分任务、态度、职责与结果的区别，记住产生价值是一名销售人员的基本职责。

（4）延伸思考，我们在任何沟通中，应当采取结果导向思维，先说结果，再根据要求讲过程。

2.以落地为原则的设计

在营销的过程中，你是否碰到一个问题：在策划的过程中，常常觉得这样做一定会有结果，但是实际去执行时，却发现收效不佳。甚至觉得，自己策划得很精妙了，但是却发现落不了地。

一个营销系统设计得好不好，最关键的是要考察营销环境，实现真正的落地。什么是营销环境呢？就是这个产品是在什么样的市场环境下销售，营销对象是谁？就是说这个产品卖给谁，他有些什么特征？他的消费观念是什么？他想要什么？

如今的营销环境基本上可以用三个词来总结：移动化、碎片化、场景化。大家已经不再局限于每周、每月的固定时间里，在固定的购物场所进行消费，而是转变为随心所欲的全天候、多渠道的消费，消费者可以在任何时间、任何地点，通过任何方式购买他们所喜欢的商品。其实无论是智能手机销量暴增还是人们花在智能手机上的时间越来越长，都足以证明整个营销环境的移动化。

而碎片化的特征就更明显了，如今，人人都是自媒体，个个都是消息源，大家的注意力被分散在各个媒体，因而加剧了用户的三个碎片化趋势：消费地点的碎片化；消费时间的碎片化；消费需求的碎片化。

很多时候营销要触动消费者，一定要有匹配的情景，因为人是受环境影响的。而新技术的发展，让随时捕获这种情景变得容易，比如可穿戴设备，还有移动互联网和任意的广告屏幕以及终端的无缝链接。因此，营销如何"场景化"，及如何通过可以谈论的内容与场景的匹配，成为所有企业都需要面对的问题。

只有解决了这些问题，设计出的营销场景才是真正的落地原则。

第一，要做外部渠道的建立，进行一些正面信息的铺垫，假设别人百度你的产品全部是负面信息。怎么办？

所以，要在百度等搜索引擎，建立自己的正面形象，百度知道、百度贴吧、百度问题等这些都用自问自答的方式占领上。当别人搜索某商品是骗子或者假货的时候，也就被你的正面所公关了。要是搜索到你的负面信息，我想你就不用转化了。或者可以直接在网上购买有权重的网站发帖，实现正面新闻的霸屏，可以在淘宝上面购买，也可以在其他网站购买。

第二，有了正面的公关能力，还要做预算。

从一场活动前期的财务预算，到市场调研来了解目标人群，以确定本次活动的目标定位。并结合 KPI 关键指标，平均分配给每一位员工，KPI 让人人身上都有指标，团结员工的销售热情，齐心协力。

活动期间必不可少地推出单品（畅销款/主题款），那到底如何选择这个单品呢？首先看库存数据。店铺内有畅销主题套系的，也可以此为活动主推。完成以上所有工作后，就开始定本次活动主题，主题色，可根据春、夏、秋、冬季节来定，也可根据活动的情感基调。

第三，当然就是成立项目分工。谁负责项目追踪？谁负责设计物料？谁负责人员招聘、培训？人员激励政策又如何制定？广告宣传需要联系谁？等等。终端的每一场活动的举办，如果没有将店铺活销起来，没有把品牌知名度打出去，那么就是一场白搭又无效的活动。

同时，以落地为原则，就要让销售人员动起来、热情起来，在利益分配上要有积极的态度。

服务员热情（店员积极性），渠道愿意推（经销商积极性），还有礼物可以拿（消费者积极性）。这三个现象都调动了三方的积极性。

试想：你去买手机，店里面主推，有礼品，服务员又很热情，那么你很可能会被影响购买。那为什么店员热情呢？答案是他有不错的销售提成。

那为什么经销商愿意卖呢？答案是他有不错的利润空间。

那为什么客户会受影响呢？答案是服务好，又有礼物可以拿。

这里面最核心的一件事情就是：利益分配。任何一个营销要想落地，都要想清楚，在整个环节中有多少个角色在参与，每一个角色的利益如何分配。

3.以利润为诉求的方案

营销的唯一目的是赢利。说得更直白一些就是营销应该服务于一个企业长期的利润最大化。营销设计都要认真按照这一宗旨来执行。营销的构思不能总是围绕着如何去拿最佳广告奖之类的内容打转。相反，广告必须要能够带来真实的销售收入，或者至少能够提升品牌价值。

经营非常简单，其本质在于如何扩大销售额，减少费用开支，而利润就是它们的差额，只不过是作为结果而出现。因此，我们只要不断考虑如何使销售额更大、费用更少就可以了。要做到销售额最大化，我们必须具备"全员营销"的意识。我们必须理解客户真正的需求和环境的动态变化，以为客户实现价值、让客户感动为基本思考点，并需要付出不亚于任何人的努力，不放弃每一个机会，让客户感受到我们的诚意和看到我们创造的价值。

要做到费用最小化，我们不能拘泥于一些尝试和固定的概念，比如"原材料费"应当占"总生产成本"的比重，"营销费用"必须是多少等。究竟用了多少费用，这些费用花到哪个科目上，都要用数字清晰地呈现出来，做到一目了然。这样，自己在日常业务和经营中分别用了多少钱，都能随时随地地把握。花的每一笔是否合理？能不能少花或不花？还有没有改善空间？如何降低费用？用精益的思想去思考如何做到费用最小化，并制定出减少费用的具体措施。

要从单一产品、单点突破的营销思维中解放出来，充分利用自己的经营空间，运用系统化营销，将卖场各个环节、各种策略（市场定位、产品、管理、促销等）加以系统地规划和整合，使之纵横成网，并且充分调动内部各种资源，使卖场产生更大的营销效力。

卖场系统化营销是指以消费者需要为中心，把每个营销要素进行有机地整合。诸如市场调研、产品销售、数据统计、联合促销、会员管理、店面管理等诸多方面进行整体营销，实现顾客满意和企业健康赢利的双赢局面。

有利润的营销方案才是有效的方案，营销设计把"利润"放在首位，才能在实战中看到成效，也就是我们常说的不打无准备之仗。

十四、营销资源池
——有资源才有冲击力

1.自有资源池

在市场经济竞争日益激烈的大背景下，一个企业要在激烈的竞争环境下求得生存，在众多的竞争对手中脱颖而出，天时、地利、人和缺一不可。而人和是最被现代社会管理者所重视的因素，甚至被奉为企业的生存之本。一个销售团队的自有资源包括顾客、员工和企业的自媒体宣传。

借客户和粉丝的力量传播，这也是小米手机成功的关键。从米聊到小米手机的推出，雷军总是广开言路，积极地与米粉互动，而米粉也在相应的激励与鼓动下，积极互动，提出相应的产品改善建议。现在有近200万的米粉正在积极地参与小米事业的建设。可见雷军是如何聪明地取材于民。

小米同城会，是小米公司非常好的口碑宣传驱动力。相继开展的小米同城会，不仅为小米公司维护了客户关系，提高了用户的黏性，增强了品牌的凝聚力，还为小米公司下一步的营销提供了免费的宣传动力。

由此可见，做事，想把事做大做盈利，个人的力量非常有限，而别人的力量和资源是无限的。我们只有学会借助别人的资源，才能不断放大自己的成功。

任何一家营销公司，都要加大对员工的激励与满足，因为内部营销的根本目标在于改善服务质量。员工的禀赋能力有显著差异，在完成同一服务任务时，因员工禀赋能力的差异，形成不同的服务表现，造成服务质量传递的变异，这种变异是组织关注员工激励与满足的动因。所以，要"将员工当作顾客"，组织在关注顾客的同时，要关注为顾客服务的员工。通过创造满足雇员需要的工作来吸引、发展、激励和保持高质量的雇员，是将雇员当作顾客的哲学，是一种使工作符合雇员需要的战略。将员工利益放在首位，满意的员工能更努力地工作从而让顾客满意，培养忠诚顾客并带来优质回报。

这个回报带来最直接的好处就是从员工的角度出发，从最初的单方营销，变成了关系营销和口碑营销。

处于第一线的营销人员能否快速地响应顾客需求，是关系营销中服务成败的关键原因。买卖双方互动过程不仅影响了购买决策，而且也是组织获得市场机会的有效途径。这就需要有顾客导向和销售意识的服务人员来促成该互动过程，面对互动营销的具体要求，组织的内部营销的目标是培育和激励具有顾客意识的员工。

事实上，有越来越多的企业开始认识到，要想让顾客得到真诚完美的服务，必须首先对自己的员工提供真诚完美的服务；要想为顾客提供一流品质的产品，必须首先将自己员工的素质塑造到一流；要想培养顾客对品牌的忠诚，必须首先要对自己的员工忠诚……从这个角度看，员工也是顾客，是企业的"内部"资源。

除了重视员工，以及由员工招揽来的客户，企业还要进行自媒体宣传。现在是互联网时代，互联网信息时代的最大特征就是任何东西都可以拥有"媒介属性"，每个企业都有必要有一个对外发声的渠道，这个自媒体就是最便宜、最灵活、最及时的企业自己的宣传阵地。

但是很遗憾，很多企业虽然都意识到应该开通微信公众号、今日头条号、微博等自媒体，但是却很少有做得好的。打开很多企业的微信公众号，就是一篇篇工工整整的牛皮癣广告，试问，这样的信息你们自己人看得下去吗？

举个例子，一个卖鞋的实体小店做了一个微信公众号，一打开全是鞋子"全部八折"这样的促销信息，既不新颖又不好玩儿，自媒体里的宣传文案又非常大众化，这样的自媒体是起不到宣传作用的。现在是个全民娱乐的时代，做自媒体最关键的就是要有趣，在有趣的前提下体现出你的产品好，输出你的价值观，展示出你的品牌或者老板的人格魅力，吸引到真正的粉丝以后再进行商业转换，才是做企业、做自媒体的正确逻辑。

企业自媒体的内容，始终要以用户为导向，而不是以公司领导、老板为导向。在内容定位方面，需要梳理各方诉求，把不同类型的内容归类，建立优先级排序与取舍，聚焦核心，科学规划，确定统一的风格和选题方向。

内容可以多样化，但是 60% 的内容份额，需要聚焦以一类内容为主，其他为辅。如果太多样化，内容很分裂，没有聚焦，等于违背了新媒体运营的用户思维和用户导向，用户是因为喜欢你的某类内容才关注你，不喜欢就不关注。

形象拟人化，卖萌是常用手法。关键是品牌和产品的拟人化，拟人化的东西，用户接受度往往较高。太高冷、生硬的语言，会让人难以接受，缺乏产生认知的兴趣，停留在自嗨，再多曝光也是无用的。同时，要重视粉丝互动，确立正确的心态与价值观，多积累，提升技能。

2.整合资源池

亚里士多德曾经说过一句经典的话："给我一个支点和一个足够长的杠杆，我可以用它撬动地球。"这句话套用在经销商老板的生意上同样适用。不管你现在是在做哪个行业，大家都在感慨钱越来越难赚了，难赚的原因无外乎竞争越来越激烈，店越开越大、越开越多，经销商老板单枪匹马兢兢业业做生意赚钱的日子已经结束了。

当大营销时代的到来，当"人"的角色由人变为"人力资源"的时候，凡是能利用的产品、技术、知识都变为了资源。随着角色的转变，不难发现学做营销就是学会整合资源。只要你有技术、有头脑，或者只要你会管理、会整合资源，你会发现营销其实并不难。

在企业中，走好上下游的工作，当一位聪明的"中介"。我想是这一时代最明显也是最有优势的特点之一。上游疏通好自己的人力资源关系，拥有游说的才华。下游抓紧供货的条件，再有"人"这个资源的协调，其实就是有些企业存在的优势。

这也是如今共享经济浪潮风起云涌的契机。

共享经济的浪潮势不可当！在移动互联网技术的催生下各种共享模式层出不穷，如共享汽车、共享充电宝、共享单车、共享酒店等都吸引大量眼球。

过去很多实体店都是单店经营，商家要想与移动互联网嫁接，要么通过第三方开发小程序，要么开发 APP，对很多商户来讲，先不讲效果，单单开发成本都是相当高的。而不同行业的商户之间的互联互通又是很难达到的。用得最多的就是商户之间互推代金券（纸制），而这些成本又是相当高的，而且并不一定所有商家都会彼此推送。但是商家之间的相互导流，共享实体、共享营销人员、共享顾客群，这是业内的刚性需求。

向同行借力，可以跟同行共享客户资源，还可以共享同行的优势资源，包括费用、人员和管理等各种资源。难怪很多的经销商热衷于联盟活动，这种联盟不但能够增加客户来源，提升营业额，而且那些小的经销商还可以跟大的经销商学习先进的管理经验和经营方法。

举个例子，某人不花一分钱的成本狂卖土豆，一天就赚了 10000 多元。他是怎么做的呢？

有一次他去菜市场买菜时发现了一个商机，他发现土豆的价钱居然卖到 2 元一斤，而且炒出来吃的时候口感也不是很好。在他的老家，每斤还不到 3 毛钱，而且老家种的土豆，都是拿来喂猪的，人都不怎么吃。也就偶尔会拿来炒土豆丝吃，而且炒出来的味道要比城里卖的好多了。于是他想了想，要是把自己老家种的土豆弄到城里来卖，就算每斤挣一块钱，那也是很不错了。

于是，他先让家里邮寄了一袋土豆给他，找到几家菜市场的老板，让这几个老板拿回家炒菜吃。这些老板一吃，觉得味道很不错，主要还是淀粉比较少，吃起来没有那种沙沙的感觉，就是就跟这个小伙子签了进货合同。

然后，他回家雇了辆车，专门收购土豆。之后收购了一车的土豆，由于都是当地人，相互认识，都答应先卖出去等回来再结款。于是，装车之后直奔这个城市，一家一家地送土豆，一天时间，就把这一整车的土豆卖了出去，除去路费，赚了 10000 多元。

其实，现在各地的农民有什么特产，或者普通的商品时，只要价格足够的低，城里价格比较高的话，都是可以采用这个方法的。先去谈好买家，再去准备货，是个非常不错的选择。这也是一种利用身边所拥有的资源进行赚钱的一种落地方法，本质上也是一种资源整合。

整合资源还要积极展开异业合作模式。

异业合作有资源共享、资源置换、资源整合 3 种主要方式。

（1）资源共享：共享客户资源、共享产品资源、共享场地资源等。

（2）资源置换：主要指产品之间的置换，比如用产品换广告位、场地、其他类型的产品。

（3）资源整合：以自己为主导整合商家向自己的门店引流（当然这是比较狭义的）。比如，商家设计出一流产品，然后投放到有大量精准客户群的异业合作伙伴，合作伙伴利用商家的引流产品做促销，并引导客户到商家消费。简单来说就是这样的流程。

3.外部资源池

任何一个企业，资源再多也是有限的。企业不仅应拥有资源，而且要具备充分利用外部资源的能力，使社会资源能更多更好地为本企业的发展服务。一些企业没有厂房，没有机器设备，甚至没有自己的员工，同样能生产出产品。当然并不是真正的没有，而是充分利用了社会上的资源，进行了虚拟研发、虚拟营销、虚拟运输以及虚拟分配等。有的企业进行脑体分离，企业仅拥有组织经营生产的人员、几间办公室而已，却利用外部的土地、厂房、社会上的技术人员、管理人员、劳动力、原材料等生产出大量的产品。所以，在营销策划过程中必须时刻提醒自己要开阔视野，充分利用广泛的社会资源。

比如我们常见的网络营销平台上的第三方供货，京东、天猫、当当网等，他们不但有自营产品，也有第三方供货。而这些第三方供货能够依托大平台进行自己的产品营销，大平台也由于新加入的第三方供货，使平台更加多元化。这样，无疑实现了双赢，共同利用了自己之外的资源。

例如，按照传统的经营方式，花店从花农处采购鲜花，然后卖给顾客。几十年来，都是如此。但是，这并不意味着它是最好的经营方式。花店可以放弃传统的经营方式，而与花农和快递公司结成战略联盟。花店作为一个鲜花的订购中心，顾客到这里订购鲜花（可通过网络或电话订购），花店记录下顾客订购花的种类和数量，以及顾客希望送达的地址和时间。同时，把顾客订购花的种类和数量信息发给花农，通知花农准备鲜花。然后，把顾客订购花的种类和数量，以及顾客希望送达的地址和时间信息发给快递公司，由它从花农处取得鲜花，再送给顾客。花店通过与快递公司的合作，整合快递公司的运输资源，把传统情况下的两方合作变成三方联盟。新的战略联盟大大扩展了生意量，每个参与方都获得了更多的收入：花农可以卖出更多的花，快递公司得到更多的生意，而花店得到更多的订单，同时节省了运输成本。顾客也可以享受到更多的鲜花选择和方便快捷的上门送花服务，这都是传统的花店做不到的。这就是外部资源的拓展和营销新思路。

除了第三方供货之外，分销系统和直销系统也属于营销的外部资源。分销网络就是充分利用经销商的资源进行商品销售的组织，它是连接厂商和客户的桥梁。分销管理需要客户、销售、资金和媒体等这些外部资源，一般来讲客户资源是其中最重要的一种资源。但是具体情况还需要具体分析，事实上最缺乏的资源正是最重要的资源。厂商要根据自己的资源状况来对经销商的资源进行评估，从而选择其中最合适的资源。

对于一个企业来说，其产品的消费者总数是相对固定的。然而，这些消费者之间却存在着很大的差别，其中一个重要的差别就是消费方式偏好的不同：有的消费者习惯于"眼见为实"的消费模式，这部分消费者显然就是分销模式的重点关注对象；有的消费者倾向于快速、便捷的消费方式，比如通过电子商务来实现商品的购买，这些消费者就必然是网络直销模式的关注对象。

可见，分销和直销在消费者市场上还是存在一定差异的，要避免这两种营销方式相互抢客户，最重要的是充分发挥两种营销方式各自的优势，使其在各自消费者市场中发挥应有的吸引力，最大限度地满足其各自消费者群体的消费需求，从而达到两种营销模式共赢的目的。

4.量大质必优

资源整合是企业战略调整的手段，也是企业经营管理的日常工作。整合就是要优化资源配置，就是要有进有退、有取有舍，就是要获得整体的最优。对于不同来源、不同层次、不同结构、不同内容的资源进行识别与选择，汲取与配置，激活和有机融合，使其具有较强的柔韧性、条理性、系统性和价值性，并创造出新资源动力一个复杂的动态过程。强者＋强者＝超强者。

在战略思维的层面上，资源整合是系统论的思维方式，就是要通过组织和协调，把企业内部彼此相关但却彼此分离的职能，把企业外部既参与共同的使命又拥有独立经济利益的合作伙伴整合成一个为客户服务的系统，取得"1+1>2"的效果。

在战术选择的层面上，资源整合是优化配置的决策。就是根据企业的发展战略和市场需求对有关的资源进行重新配置，以凸显企业的核心竞争力，并寻求资源配置与客户需求的最佳结合点。目的是要通过组织制度安排和管理运作协调来增强企业的竞争优势，提高客户服务水平。

一般情况下，营销者或创业者要对自身的资源禀赋做一个详细的梳理，比如说结合自己的工作经历，对自己过去的工作所积累的资源等做一个梳理。看看你的优势到底在哪些方面，比如说年轻，身体健康，有深厚的经验，有广阔的人脉积累，有深厚的背景等。当然也不能忽略了自己的劣势，比如说因为年轻所以还有很多不足，缺乏远见等。

对这些优势、劣势进行对比分析后，继续分析哪些是真的会给我们带来好的机会，哪些对我们来讲可能不是机会而是难以实现的美梦，所有这些都需要进行详细的分析。

在积累资源方面，也可以用众筹进行试水。

众筹在产品初创的时候可以给你试水的机会，帮助你不断地修正你的产品策略、市场策略，甚至能帮助你积累第一批的种子用户，这就是众筹对初创企业帮助的模式。而且我们也发现，越来越多的初创企业将众筹这个阶段作为企业发展中的一个标准配置。我们要做一个公司，要做一个项目，要做一个产品，成不成，我们先在众筹上试试看，好了我们继续，不好，我们发现问题在哪里，怎么解决，是产品的问题还是人的问题。这样试水的成本对初创公司来说是非常低的。与其你把所有的事情都想得清清楚楚，做的时候发现很多问题，不如在初期拿众筹品牌做一个试水，去尝试一下，同时也获得更多资源的关注。

比如说你的产品需要设计，你找不到设计资源帮你做，你找不到做方案的公司帮你做方案，你找不到生产工艺链，同时你也找不到媒体帮你曝光，甚至找不到销售渠道。比如你的产品想跟一些大平台、大机构做一些对接，同时包括后续的路演资源。对于初创的公司来说，资源尤其重要，因为在钱和人的问题解决了以后，干事儿就会遇到很多问题，资源就成了一个瓶颈。

我们也有很多的合作伙伴，与1000多家投资人或投资机构开展合作。同时，也有很多的渠道，包括孵化器、电商。如果将来你想创业，你的产品非常棒，我们都可以帮你梳理。同时还有更多媒体的关注，当你的产品获得了媒体的关注之后，大家广为流传，资本层面很快就会介入，不需要你花太大的劲儿到投资人那里去路演。当你的产品好了，想法成熟了，同时大家也都在关注你以后，想拿钱已经不是问题。

所以，无论是内部资源还是整合的外部资源，如果资源太多，就要学会梳理和选择，同时积累最优的资源，才能达到最好的效果。

十五、营销无定式
——不断变化的大学问

1.时代变营销必变

每种营销方式都是在它当时的大环境下产生的，像我国的经济发展一样，前期是计划经济时代即是政府掌控时代，大体的环境就是供不应求，所有的东西需求都是巨大的，那时就形成了以企业为导向的营销时代。后由于政府的干预逐渐地减少变成了市场经济时代背景，由于每个供应商都看到了只要是敢就能赚这种需求，太多的人涌入导致了供过于求，让消费者有了选择，在这种情况下形成了以顾客为导向的需求营销方式。但后来各个企业注意到只是"注意消费者"是不够的，还必须注意你的竞争对手，只有这样才能获得更多的市场资源，由此出现了市场经济主导的共同营销、大数据营销及云营销。

现在是个日新月异的时代，是个随时都在变化的时代。因为变化太快，很多人发出了"营销已死"的论调。事实上，营销并未死亡，营销正在新技术时代演化和发展。

在传统的营销体系里，做营销往往也就意味着做销售，营销的目的就是帮助企业向客户宣传产品信息。营销需要见到客户，也需要有盈利。而现在的时代，营销不单单是营销部门的职责，还有了更多的要求。

互联网正在创造一次变革，任何公司如果依旧像过去一般保守和传统，那么你的目标客户可能只是那些不用电脑、不用手机的人群，他们大部分时间会用来看电视，也会到实体店买东西。

如果以此为借口而排斥互联网，那么企业的市场空间也会变得更加狭小。因此，许多企业需要自己颠覆自己，就像柯达一样，当胶片产业成为企业的弱点，那么如果不借势必然会失败。

传销的营销模式要解决的是"产品的问题"，只要产品好就能卖，而现在要解决的却是"人的问题"，你如何让更多的人看到你的产品，喜欢你的产品，才是营销的第一步。

所以，时代变了，营销也要变。每个时代都有新招，过去的被淘汰，未来才创新。创新的营销思维也要讲一些原则：

第一个原则——永远不要抛弃创新的根本：产品。在现实生活中，有很多人思维好像非常超前，一说起营销，必然滔滔不绝地讲一大堆听起来非常前卫的理论，让人如坠云里雾里，肃然起敬，更有人出卖所谓的"点子"成了大营销家。但一旦实践起来，这些理论和"点子"就如被包装好的流行歌曲，即使成名，又能维持多久？我不否认前卫理论和"点子"的作用，关键是我们的营销人应该在这些让人晕眩的五彩面前始终保持一种清醒的意识：有哪个百年企业是依靠一时的前卫理论和"点子"一直发展的？

第二个原则——渠道。无论是眼下流行的终端制胜论还是大批发萎缩论，企业的营销是绝对不能没有渠道的。渠道是企业营销创新取之不竭的源泉。

第三个原则——信息。以前我们一定是希望信息越多越好，但现在我们知道，信息越少，消费者越容易记得住。特斯拉其实有275项专利，但在中国你看不到它有一个广告是在讲专利的，甚至它根本没有广告，在上市前它都认为不需要广告。这就是互联网，产品会帮你说话。我们似乎可以做一些我们以前不敢想象的事情，我们的品牌可以只负责满足某一个特定的小众，众分享、惠生活。在这个共享时代，信息不在于多，而在于有效和精准。

第四个原则——传播。互联网对营销带来的最大障碍是传播。因为传统媒体是可控的，而互联网时代的传播基本是不可控的。即使那些互联网时代的网红，也没有发现成为网红的规律。网红们还没来得及总结成为网红的规律，就被新的网红快速替代。

第五个原则——无界。无界营销时代，用户获取信息的方式在发生变化。以往用户在媒体平台获取信息，但是现在，用户在零售商平台能够更直接地获取商品信息。电商平台成为一种泛媒体，既是媒体平台，也是内容平台。无界营销时代，用户获取商品的方式也在发生改变。以往用户在零售商那里获取商品，如今到媒体或品牌商平台也可以直接进行交易，越来越多的消费者在看直播、看自媒体文章、看帖子的过程中购买商品。因此，零售商希望在人们所处的一切场景里铺上货。用户获取信息的方式和用户获取商品的方式在发生改变，这两者的变化也推动着营销价值链的改变。以前，品牌需要通过媒体完成信息传递，通过零售商完成销售转化。但现在，随着互联网时代的到来，品牌可以通过自身向用户传递信息，媒体、零售商也可以扮演双重的角色，既完成传播又完成销售，品牌商自身、零售商、媒体、用户四者之间的边界越来越弱化。无界，意味着传统的营销理论很难再发挥出理想效果，但无界也意味着无限，当没有边界之后，就赋予了营销人更大的想象空间，去应对无界营销发展所带来的变化。

无论时代如何变化，都会有新的营销方式和思维与之相适应，只有淘汰以往传统的、旧的、过时的营销方式，积极寻找新的营销模式和思路，才能跟上时代潮流，走一条独特又合时宜的营销之路。

2.习惯变营销也变

这个时代，变化最大的除了营销方式，还有广大的消费者。今天的消费者似乎变得更加不耐心了。大都不愿意听这个技术、那个功能，也不愿意被教育，"教育市场"这个天经地义的口号正在逐渐失去效力。大家都不爱看说明书，都不爱静心来学习，更不爱被动地去接受，而是喜欢一边玩一边学，一边玩一边骂或一边赞。

消费者有了更多的机会和可能去通过社会化媒体接触品牌，与此同时，品牌与消费者接触的面积也越来越大。以前企业的手段只有通过电视、报纸、广播与消费者接触。现在，忽然发现消费者开始通过自媒体在议论自己的品牌了，消费者购买之后必须要"好评"，还必须确保一大群围观的消费者不会对消费者构成负面影响，才能让消费者与品牌发生良性的消费关系。这个现象不可逆转，只能回避，以前需要做好品牌、做好推广、做好渠道就成功了一大半，但是现在不得不考虑消费者的好评和围观。

周鸿祎曾在自述中说过：互联网革命是什么？就是消费者拥有了更多的知情权和选择权。在互联网上，由于信息量大、流动快、触及范围广，信息很难被装进一个黑匣子里，因此就能最大限度地消除信息不对称。

因为知情权增大，信息量增大，导致这个时代的消费者拥有绝对的主动权，他们不但成熟，而且见多识广。

消费者成熟了。首先，普通消费者受教育程度普遍提升，自我学习能力提高。可以说，5年前的消费者都很少有了解产品说明书和标签信息的习惯。如今，大量受过高等教育的消费者通常会在购买产品之前就通过网络等渠道详细了解产品信息，之后才进行网购或到销售现场购物。在购买现场也会认真阅读产品标签信息，并依此判断产品成分和产品结构、功能等信息，销售人员的推荐反而显得多余了。

其次，消费者维权意识和健康意识不断提高，产品质量或者说产品性能能否超过预期，消费者更加相信自己的判断。在自身权益和健康方面，那种依靠别人提供信息和建议的情形更多地发生在受教育程度不高的消费者身上，消费者专业化也是主动选择的结果。

再次，消费者购物经验丰富，见多识广。由于国内购物场所和产品种类丰富多样，加之日益增加的国际旅游购物经历，大量消费者不仅积累了许多产品的使用和购物经验，通过观察和比较，对同类产品在不同销售渠道、不同国家和地区的销售方式等有日益深刻的体验，对产品知识和消费过程更加自信，消费者越来越专业也是学习的结果。

最后，消费者的行为和消费理念已经从过去的大众化消费逐渐进入了个性化消费时代。消费观念的变化主要受到主流消费者"80后""90后"这一群新锐的消费主力军，其以产品来标签自身的个性，不随波逐流，更加注重产品本身的价值和产品对自身价值的构建，直接导致了主流消费观念朝着个性、新锐发展，进而引导着整个消费观念的发展。

在消费结构上，情感消费的比重提高了；在内容上，个性化需求增加了；在价值目标上，更加注重接受产品时的感受；而从接受产品方式看，消费者主动参与产品设计制造，消费过程变为一种体验过程。以关注顾客体验为核心的体验营销战略便成为新时期企业的必然选择。它以满足消费者的体验需求为工作重点，将"体验"因子纳入营销战略，为消费者带来新的价值，丰富顾客价值系统的内容，成为体验经济时代企业赢得竞争优势的重要战略。

消费者的消费渠道也变了，以前在电视、报纸、户外广告之后，从产生意向到购买需要一个转换过程。但是互联网出现了，看到企业的宣传之后，省去了逛街的环节，直接网上购买。之后，移动互联网也出现了，消费者从看到企业宣传到产生购买行为，通过 APP 或者手机拍一下二维码就可以实现。不难看出，营销技术的发展，一直在致力于让消费者以更少的环节实现从品牌认知到产生购买的行为的转变。

消费者可以接触到的媒体和信息太多了，但是消费者又无法同时消化所有接触到的信息，所以消费者会根据自己的兴趣、爱好去接受一些和自己相关的、搞笑的、好玩的信息，这也就是为什么内容营销越来越受到营销界的关注。

这给了我们一个启示，在营销策划的时候不要为营销设置复杂的逻辑，碎片化的时代，消费者喜好转移的速度也更快。为什么现在很多企业宁愿选择短平快的网络营销，而不是高大全的传统媒体，就是这个逻辑。

另外，消费者的话语权越来越大，产品做得好不好、体验做得好不好，成了成功的关键。在互联网时代，消费者学精了，辨别能力强了，他们更愿意相信自己的体验和身边的朋友，而不是商家的自吹自擂。而且，用户不再是买完东西就跟你结束了关系，相反，用户买了你的产品，用你的产品，这才是用户体验之旅的真正开始。如果你的产品不能形成用户强烈的认同和感知，广告营销做得再好，于他们而言都是欺骗，是无效的。

只有深刻去研究消费者，才能做好"人的生意"，才能符合消费者习惯，也才能顺应这种习惯去做出更适宜的营销方案。

3.环境变营销促变

中国的企业经历了广告战、价格战、炒作战、人海战后，仍然陷入了营销困惑和迷茫中，传统的营销遭遇着环境的严峻挑战，新的营销革命正日益接近我们。新营销的转变有以下6点：

（1）从战术向战略转变。

（2）从产品营销向品牌营销转变。

（3）从以价格竞争向整个价值链的转变。

（4）从抢夺终端渠道向建设渠道伙伴的转变。

（5）从以促销广告向整合广告转变。

（6）从以传统控制的营销管理向组织、知识、领导力的一系列转变。

企业只有适应这些转变，才可以适应市场，打造强有力的竞争力。

营销作为实践科学，本是商业竞争的产物。营销策略的发展从最初的简单开始不断演进，从研究产品、价格、通路、促销的4P到公共关系、客户利益等更多的P和C，虽然竞争引致需求变化，但对于企业而言，其实目的很简单，就是获利并能够持续健康成长。随着竞争环境的变化，无论是战略、策略和执行管理，都应顺应商业竞争环境的趋势变化，做出适当的调整和创新。

不断变化的环境，才是不断变化营销的动力。说白了就是，环境哪里变了，你的营销也就在哪里变。比如用户的需求变了，那你就变产品功能，然后和营销那一套对接起来。用户的渠道变了，那你就变化营销渠道，然后把营销的那一套对接起来。其实最怕的是你自己没有营销的那一套流程。

我们看一下竞争环境有哪些变化。

第一，产品越来越同质化，而客户的要求越来越个性化。刚有个差异化的产品，市场马上就有几乎一样的产品了，而且价格还便宜。刚满足客户个性化要求了，他们马上又腻了，口味变化太快。

第二，产品几乎都在走向纯价格竞争。中国的企业之所以喜欢打价格战，这是我们的人文环境造成的。因为我们的文化中强调物美价廉，这在某种程度上造成了中国的百年品牌很少。当一个品牌贵的时候，它才可能去创新、有研发、有服务、有洞察，否则全是在减少成本、管控渠道等环节上做文章。诺基亚很便宜，苹果很贵，但是后者越来越受人关注。

第三，产品升级换代越来越快。产品推出非常快，淘汰速度也非常快。很多企业疲于推出各种新产品，有的新产品甚至还在研发中就发现过时了。

第四，线上流量成本越来越高。企业冲到线上通过电商渠道进行销售，只要电商存在比实体店更多的成本优势或者其他优势，就一定会有源源不断的商家往线上涌。涌到什么时候呢？一直涌到发现原来线上也不赚钱，否则这个流向就不会停止。而且，由于跟着往上走的惯性和商家的非理性，或者说个体商家的视野局限，来线上成本不但不会比线下低，反而比线下高。

第五，消费者越来越不相信公众传播。商业传播当前正在经历着剧烈的转型，电视、报纸等传统媒体遭受冲击并在寻求自我革新的机会。消费者由于信息获取的渠道多样化，他们对传统媒体，甚至权威媒体的依赖程度大大弱化。商业传播必须重新思考媒体与消费者关系的密度。

类似这样的新变化还有很多，其实这些问题本质上都是由一个问题引起的，那就是：信息的透明化和及时化。

除了竞争环境发生改变，人文环境也在变化，共同促使营销必须去改变和适应。创新并不是最难的，最难的是改变观念，是拥有创新的思维。市场营销不变的原则是"永远在变"，这个变化就是我们的一个个机遇和挑战。竞争环境变了，营销就得变。借用狄更斯早在140多年前就写下的名言与大家共勉：这是最好的时刻，也是最坏的时刻；这是智慧的时代，也是愚蠢的时代。

要么在营销中生，要么在营销中死。

互联网社会，一切营销都必须基于传播，能够产生二次传播，能够造成顾客的主动传播，没有传播就没有营销。传播的最大机会点、信任点是社群，只有在社群的环境下，能将传播的有效值放到最大。传播什么？IP。IP化的品牌特点就是不求所有人叫好，但一定有人把它当第一选择。有人当第一选择，有人反感，这很正常。最怕的是第二选择、第三选择，这如同谈恋爱时候的"备胎"。企业务必要构建基于互联网环境下的新营销体系。建立新的营销组织，赋予新的营销创新机制。高度重视公众号的新营销价值，公众号一定能够在找到顾客、链接顾客、影响顾客、创造顾客价值方面发挥重要作用。

要学会运营微信群，微信群的营销价值非常之大。

总之，零售环境已经发生改变，零售的营销必须要随之改变。在消费者主权时代，零售的营销必须要由营销商品转型为营销顾客。

4.探寻无止境

由于消费和营销都在改变，那么就需要不断探寻更适合、更领先的营销方法。

从互联网发展的角度看，消费互联网市场已趋于饱和，而对资源有充分把控能力的实体企业仍有很大探索空间，实体企业可以尝试将产业与互联网融合，创造全新的增量价值，进而推动互联网行业迈向产业互联网时代。

未来五年内的"风口"将出现在传统行业而不是互联网行业，在时尚、食品领域将涌现出更好的高品质中国品牌。

从更长远来看，其实是互联网行业的超级红利正在消退，越来越多的互联网越做越重。而那些转型成功，掌握了互联网的工具、方法论和价值观的传统企业，正在爆发出勃勃的生命力。

从 2017 年开始，互联网公司做线下零售的案例越来越多，从 Amazon Go 到无人超市、无人便利店，从小米之家到京东百万便利店。电商零售的战火已经从线上烧到了线下，持续点燃消费者的激情，一场新的零售革命正在到来。

互联网经过多年的发展之后已经在线上积累了很多经验和方式方法，

但是转向线下的过程中必然会遇到线上和线下发展依然是并行的问题，两者缺少交集，最终让用户始终会觉得线上和线下是两张皮，用户在消费过程当中的体验并没有得到实质性的提升。因此，转向线下的一个关键点在于融合，因为融合决定着彻底打通，彻底打通代表着无缝对接，无缝对接直接影响着用户体验。

传统互联网条件下，用户在网上浏览到心仪的商品之后，通过将商品放到购物车中，等到结算的时候，只需要将心仪的商品进行勾选结账即可。而在转移到线下之后，互联网公司线上和线下必须融合到将两者的体验变得相同，即用户在线下实体店依然能够将商品加入线上的购物车中，并通过电子支付的快捷方式来完成最终付款。这个流程完全是一种无缝对接的过程，用户不需要再进行线上和线下模式的切换，只需要享受方便、快捷的购物体验即可。

线上与线下的完全融合和打通才能真正获得这样一种顺畅、方便、快捷的体验，而这种体验将会直接影响用户能够真正接受这样一种线上和线下融合的模式，直接决定着互联网的这一转型能否最终获得成功。

如同马云说的那样，互联网公司的机会未来30年一定在线下，而传统企业或者线下企业的希望一定是在线上，双方在未来30年，必须建立在一起。互联网经济不是虚拟经济，互联网经济就是必须把虚和实结合在一起。

除了实现线上线下的融合，还要把共享经济这张牌打好。在我看来，共享经济不仅是新经济，还是一种新的价值观，正在重构人与人之间的关系。从熟人推荐发展到陌生人之间交易，除了心理学和商业理性的原因外，还有社会学方面的原因。缘于闲置资源的让渡，共享经济加强了连接，这个连接并非仅仅指数据连接，还有人与人的连接，即社交，这种因用户黏性而形成的忠诚用户更不容易产生策略行为，不会因友商降价或优惠促销而流失。

当然，随着经济发展和新事物的出现，要不断修正自己的营销方向和思路，真正做到探寻无止境。